Compact
コンパクト版 保育者養成シリーズ

谷田貝公昭・石橋哲成 [監修]
石橋哲成 [編著]

新版
保育原理

一藝社

監修のことば

　本「保育者養成シリーズ」（全21巻）は、厚生労働省から出ている「教科目の教授内容」（「指定保育士養成施設の教授担当者が教授に当たる際の参考とすること」）に準拠したものである。

　2012年から刊行を開始し、2015年に全巻の完成をみた。おかげさまで、全国の保育士養成の大学・短期大学・専門学校等でテキストとして使われ好評をいただいてきた。

　ところが、2017（平成29）年に、「幼稚園教育要領」「保育所保育指針」「幼保連携型認定こども園教育・保育要領」の改訂（改定）がそろって告示され、2018年4月より施行されることとなった。

　そこで、各巻の編者と著者に、先の3法令と不具合がないかどうか、検討作業をお願いした。不具合のあるものについては、書き改めてもらった。

　よく「教育は結局人にある」といわれる。この場合の人とは、教育を受ける人（被教育者）を指すのではなく、教育をする人（教育者）を意味している。すなわち、教育者のいかんによって、その効果が左右されるという趣旨である。そこで、教育を保育に置き換えると、「保育は結局人にある」となり、十分通用するといえる。

　保育学とか教育学とかは、ある意味において、保育者論、教師論であったといってよい。それは、保育・教育を論ずるとき、どうしても保育・教育を行う人、すなわち保育者・教師を論じないわけにはいかないからである。

今も昔も、保育の成否が保育者の良否にかかっているといってよい。昔と比べて、保育制度が充実し、施設設備が整備され、優れた教材・教具が開発された今日においても、保育者の重要性に変わりはない。なぜなら、施設等がいかに優れたものであっても、保育者の取り扱い方いかんによっては、無益どころか、誤らせることも起こり得るからである。

　保育者の仕事は、本質的な意味においては、小学校以上の学校の教師と異なるものではない。しかし、対象である被教育者の発達的特質、すなわち、未成熟であるということと、それに伴う発達の可能性が大であるということからくる点に特徴がある。すなわち、保育の方法や保育の内容などでも、小学校以上の方法や内容とはかなり異なったものがあるのである。

　したがって、保育者は、乳幼児期の発達上の諸課題とそれを実現させるための諸条件、そして、その働きかけのさまざまな方法を認識していなければならない。そうした面で、本シリーズを役立てていただければ幸いである。

2018年3月吉日

　　　　　　　　　　　　　　　　　　　監修者　谷田貝公昭
　　　　　　　　　　　　　　　　　　　　　　　石橋 哲成

まえがき

　わずか0.1〜0.2mmの卵子が、さらに小さい0.06mmの精子と出会いを果たすことで、ここに、人間の個体としての生命が生まれることを「発生学」は教えてくれています。その受精卵は、その後も母親の子宮の中で細胞分裂を絶え間なく続け、系統発生を繰り返しながら人間の姿となり、十月十日の時を経て、身長が44〜58cm、体重が2.1〜5.2kgにまで成長してこの世に誕生するのです。しかも、わずか38週間の間に人間進化38億年の年月を繰り返すというのですから、これは神秘としか言いようがありません。

　このようにして誕生した人間の赤ん坊は、さらに6年の間にハイハイをし、立ち上がり、歩き出し、言葉を話し、背丈も伸び、体力も考える力も増して、やがて小学校へと進んでいくことになります。人間の一生の中でこれほど発達・変化を遂げる6年間は他にないでしょう。この人間の最初の6年間を担うのが、実に「保育」なのです。

　本文でもまた詳しく見ることになりますが、スイスの動物学者ポルトマン（Portmann, Adolf 1879〜1962）は、人間を「生理的な早産」の動物として特徴づけ、そこに人間の本質的な意味が隠されていると見ました。人間の子どもははるかに早い時期に、未熟な段階で母親の胎内を離れて「世に出される」わけです。それだけ人間は、生まれた時点から親や、あるいは親に代わる者の保護（養護）を必要としていますし、その後の育て方しだいでどうにでもなる可能性を多く有しているのです。その意味でも、保育者には大変な責任が担わされています。

保育者は、与えられた目の前の子どもの安全を守り、刹那的に子どもと遊びながら時間を費やすだけで済むものではありません。目の前の子どもとはどういう存在であり、保育の目標は何であるのか、子どもの発達に応じた保育とはどういうものなのか、乳幼児にふさわしい遊びはどのようなものなのか等々、より良い保育者たらんとするためには、さまざまな問いが生じてきます。

　本書は、そのような問いに答えようとするものです。本書の内容は、厚生労働省からの「保育原理」の教授内容に対する要求を満たしたうえで、執筆者には日頃学生たちを対象に講義している話の中から、「これは読者にもぜひ知っていてほしい」と思っていることについても自由に書いてもらっています。よって、同じような話が繰り返し出てくるかもしれません。しかし、それは重要なことだからでもあるのです。執筆者の言葉をじっくり味わっていただけたらと思います。

　執筆は、全国の大学や短期大学で「保育原理」の授業を担当されている先生方にお願いしました。多くは現在伸び盛りの若手の保育学の先生方です。言葉の端々に若手の先生方の保育に対する情熱も感じてもらえるのではないかと思います。お忙しい中をご執筆くださった先生方には、心からお礼を申し上げます。

　2018年3月

編著者　石橋　哲成

もくじ

監修のことば 2
まえがき 4

第1章 保育とは何か
第1節 人間の子どもと保育 9
第2節 保育の概念 13
第3節 消極的、受動的教育としての保育 16

第2章 保育のねらいと内容
第1節 幼稚園教育のねらいと内容 20
第2節 保育所保育のねらいと内容 23
第3節 ねらいと内容の実際 25
第4節 保育の社会的意義 28

第3章 保育所保育と家庭的保育
第1節 生涯発達における乳幼児期の重要性 30
第2節 家庭的保育と保育所保育の特徴 32
第3節 家庭との連携 36
第4節 「母親支援」の本来の姿 37

第4章 保護者との緊密な連携
第1節 保育者にとって「保護者」とは何か 39
第2節 保護者にとって「保育者」とは何か 41
第3節 保護者との緊密な連携の必要性 43
第4節 保育所の特性を生かした保護者支援 45

第5章　保育所保育指針と施設保育

第1節　保育所保育指針の制度的位置づけ　*47*
第2節　保育所の役割　*48*
第3節　保育所保育指針の変遷　*49*
第4節　「養護」および「教育」　*52*
第5節　多様化する保育施設　*56*

第6章　発達過程に応じた保育

第1節　子どもの発達とは何か？　*58*
第2節　子どもの発達過程　*59*
第3節　子どもの発達と保育　*65*

第7章　環境を通して行う保育

第1節　保育環境　*67*
第2節　環境を通して行う保育と環境構成　*73*

第8章　保育者に求められる専門性

第1節　保育者の専門性とは何か　*78*
第2節　子どもへの寄り添いと保護者との協働　*81*
第3節　保育者倫理と資質の向上　*84*

第9章　生きる力の基礎を培う保育

第1節　子どもにとって「生きる力」とは何か　*88*
第2節　子どもに見る「生きる力」の基礎　*92*
第3節　生きる力を培う保育の内容　*94*

第10章　生活と遊びを通しての保育

第1節　子どもの生活と遊び　*100*
第2節　生活や遊びを通しての総合的な指導　*103*

第11章　保育における個と集団

第1節　個と集団の関係　*110*
第2節　集団生活が育むもの　*114*
第3節　個と集団を育む保育者の援助　*116*

第12章　保育の計画と評価

第1節　保育計画と保育実践　*119*
第2節　指導計画の作成　*121*
第3節　保育における評価　*123*

第13章　日本の保育：思想と歴史

第1節　わが国の幼稚園の成立と発展　*127*
第2節　保育所の成立過程と今後の保育制度　*130*

第14章　西洋の保育：思想と歴史

第1節　西洋における保育思想の発展　*136*
第2節　西洋における保育施設の創設　*140*
第3節　ドイツにおける「幼稚園」の誕生　*142*

第15章　日本の保育：現状と課題

第1節　子ども・子育て支援新制度の発足　*147*
第2節　幼保一元化の現状と課題　*150*
第3節　幼・保・小の連携　*152*
第4節　将来を支える保育に向けて　*154*

監修者・編著者紹介　*157*
執筆者紹介　*158*

第1章　保育とは何か

第1節　人間の子どもと保育

1　人間の子どもの誕生時の特殊性

　同じ哺乳動物でありながらも、誕生時に人間の子どもが他の動物の子どもと違うということを明確に教えてくれたのは、動物学者のポルトマン（Portmann, Adolf 1897～1982）であった。ポルトマンは、その著『人間はどこまで動物か』（原題は『人間に関する生物学的断章』）において、哺乳類をその誕生の状態から、「就巣性」と「離巣性」の動物に分けている。
　就巣性の動物とは、あまり特殊化していない体の構造を有するもので、妊娠期間が短く、一回に生まれる子どもの数は多く、生まれたときの子どもの状態は頼りなく、能なしの状態であり、生まれてしばらくは、自分の力だけでは歩くことができないばかりか、感覚器官も未発達で、親の保護が殊に必要な動物をいう。ネズミやウサギ等が代表として挙げられるが、早期の誕生に備えて、眼や耳が深く閉じられているネコやイヌもこれに属すると見ていいであろう。概して下等な組織体制を有する動物と言える。
　他方、離巣性の動物とは、概して妊娠期間が長く、一回に生まれる子どもの数は少なく、新生児ははるかに発育を遂げ、その姿や挙動はその親にすでにたいへんよく似ており、生まれてまもなく巣を離れる動物のことをいう。ゾウ、ウシ、ウマ、類人猿等がこれに属し、生まれてしばらくすると立ち上がり、すぐ仲間の後を追いかけていくし、眼も見える

のである。こちらは高等な組織体制を有した動物と言える。脳について言えば、行動をつかさどる脳が生まれたときにほとんど成熟しているのである。

　人間の場合は、概して妊娠期間が長く、一回に生まれる子どもの数は少ないし、高等な組織体制を有した動物である。この点では確かに、離巣性の動物の特徴を有している。しかし、周知のように人間の赤ん坊は、生まれてしばらくは、自分の力だけでは歩くことができないばかりか、感覚器官も未発達である。この点では、就巣性の動物と同じである。このように、人間の赤ん坊は、哺乳動物の就巣性と離巣性の両方の特徴を併せ持っている。高等な組織体制を有した動物でありながら、生まれたときは誰かに保護を受けなければ生きていくことができない。ここに、人間の子どもの誕生時の特殊性があるわけである。

2 保護（養護）を必要とする人間の子ども

　ポルトマンによれば、人間は生後1歳になって初めて、高等な組織体制を有する哺乳類が生まれたときに実現している発育状態に、やっとたどり着くのであり、人間の赤ん坊がサルの赤ん坊並みに成熟して生まれるためには、十月十日ではとても足りないのである。このように、人間の正常な出産が早産の状態であることから、ポルトマンは人間の誕生時の状態を「生理的早産」と呼んだのである。人間の子どもは、はるかに早い時期に、未成熟な段階で母親の胎内を離れて「世に出される」わけである。それだけ人間は、生まれた時点から親の保護（養護）を必要とするし、そのあとの育て方しだいでどうにでもなりうる可能性を多く有しているということなのである。

　もしも、人間が高等な組織体制を有する哺乳類だとしたら、実際に「巣を離れる（巣立つ）もの」にまで生育するために母胎で過ごさなければならないはずのこの時期を、ポルトマンは「子宮外の幼少期」と呼び、この時期は、特に次の3つの重要な出来事によって特徴づけられるとし

ている。それは、直立姿勢をとること、本当の言葉の習得、そして技術的な思考と行動の領域へ立ち入ることである。

　しかしさらに重要なことは、この子宮外の最初の時期に、全く一般的などんな人間の子どもにも当てはまる発達「過程」の他に、一回きりの、二度と繰り返せない、歴史的な「出来事」も無数に起こるとしていることである。他の哺乳類の動物が、まだ暗い母親の胎内で純粋に自然法則の下でのみ発育しているはずのこの時期に、人間の子どもは、同時に歴史的法則の下に立っているのである。ということは、人間の子どもは、ただ単に人間の大人によって保護・養護されるだけの存在ではなく、人間的環境（人間社会）が示してくれる行動の仕方を学ぶ（まねぶ＝模倣する）存在、そしてさらには人間との関わりの中で、教育されていく存在なのである。

3　広い意味での教育を必要とする人間の子ども

　これは極端な例であるが、13世紀の神聖ローマ帝国（後のドイツやオーストリアとその周辺を領土とした中世の大帝国）皇帝フリードリヒ2世（Friedrich II. 1194〜1250）は、とんでもないことに興味を持ってしまったという。「人間の赤ん坊は、生まれた後に母親が言葉を語りかけなかったら、いったい何語をしゃべるだろうか」ということであった。ヘブライ語だろうか、ドイツ語だろうか、ギリシャ語だろうか、それとも母親のしゃべっている言葉を突然しゃべり出すのだろうか、それを皇帝はぜひ知りたいと思ったのである。興味を持つだけであったらよかったが、悲劇は、それを実践に移してしまったことであった。

　皇帝は、多くの赤ん坊を1カ所に集め育てさせたという。そして、世話をする女性たちに対して、幼児に食事を与えたり、オムツをきちんと換えてやったり、寝かしてやったり、十分に保護してほしいが、「決して語りかけてはいけない」と命令したのだった。その結果どうなったかというと、実は、悲惨にも2年の間に子どもたちは全員死んでしまった

のだという。フリードリヒ２世の問いに対して、けっきょく答えは得られなかったのである。

　だが、ここには重要な意味が含まれているように思われる。食べ物を与え、眠りを与え、安全を守り、保護することは、人間の子どもの成長にとって、もちろん重要なことであるが、それだけでは人間の子どもは育っていかない、ということである。意味が分かろうが分かるまいが、子どもに語りかけながら関わっていくことが重要なのである。母親が子どもを抱き締め、おっぱいをあげながら、あるいは寝かせながら、なにげなく子どもに話しかける言葉というものが、子どもに対するこのうえない情操的栄養分、さらには生きる力の大本の大事な栄養分になっていくのである。

　チンパンジーの赤ん坊に飼育係が哺乳瓶で飲ませると、わき目もふらず一気に飲んでしまうそうであるが、人間の母親が、抱っこして人間の赤ん坊に自らの乳房から、あるいは哺乳瓶から乳を飲ませると、ときどき乳を吸うのをやめて、母親の顔をチラリと見るという。これは、疲れたから一休みしていると受け取れないこともないが、単に吸うのに疲れたから一休みという以上に、乳を吸いながら、母親とコミュニケーションをとろうとしているとも言えるのである。人間の赤ん坊は、お乳という食べ物を必要としているだけでなく、母親との精神的な関わりも必要としているのである。人間の赤ん坊は、身体を保護されるだけではなく、精神的な関わりの中で、心身の健全な発達をしていく存在なのである。まさに人間の子どもは、身体の保護だけではなく、広い意味での教育をも必要としているのである。

第2節　保育の概念

1　幼児を対象とする営みとしての「保育」

　それでは、人間の子どもに働きかける活動としての「保育」は、いったいどのような概念を持つ言葉なのであろうか。まず「教育」という言葉との対比において見てみることにしよう。言葉の適用範囲という点ではどうであろうか。「教育」という言葉の範囲であるが、哲学者カント（Kant, Immanuel 1724〜1804）が「人間は、教育されねばならない唯一の被造物である」と言うとき、幼児教育、初等教育、中等教育あるいはその他の教育のいずれかを指しているのではなく、人間教育一般を指すものであり、その範囲は広い。つまり、教育の範囲は、人間が生まれてから亡くなるまで生涯にわたっているのである。

　その反対に、「保育」という言葉の適用範囲は、教育よりも狭いと言える。保育の対象は基本的に「乳幼児」であり、就学前段階の「子育て」を指す場合が多い。教育と保育の違いは、教育が人間の全生涯を対象とするのに対して、保育は乳幼児段階の人間を対象とする、と言えよう。つまり、「保育とは、乳幼児を対象とする営みである」とまずは定義できるであろう。

2　「保育」という言葉の意味とその使用例

　そもそも「保育」という言葉は、どのような意味を持ち、いつどのようにして使われ始めたのであろうか。「教育」という言葉は、中国の『孟子』の「三楽の章」において初めて使われたと言われているが、「保育」という言葉はどうであろうか。「保」については、例えば、古代中国考古学者である貝塚茂樹（1904〜1987）らが編纂した角川書店の『漢和中辞典』によれば、「人が子を背負っているさま」を表し、そこから「そ

だてやしなう」あるいは「世話をする」という意味を有するようになったようである。ここには、関連する熟語として「保育」についての説明があり、「守り育てる」と記されているが、「保育」という用語についての出典の説明は見られない。

「保育」という言葉そのものは、日本では1876（明治9）年にすでに使用されている。東京女子師範学校附属幼稚園が日本最初の幼稚園として創立されたのがこの年であるが、その附属幼稚園規則第7条に「園中ニ在テハ、保姆小児保育ノ責ニ任ス」と書かれているのである。さらにその後の1879（明治12）年に「教育令」が制定された際にも、第66章に「各地方ニ於テハ学齢以下ノ幼児ヲ保育センカ為ニ幼稚園ヲ設クルコトアルヘシ」とある。

1885（明治18）年に太政官制から内閣制へと変わり、初代文部大臣森有礼（1847～1889）が誕生することになるが、森文相が亡くなった1889年に、文部省令「幼稚園保育及設備規定」が定められている。その第1条には「幼児ヲ保育スル所トス」とあり、さらに第5条には、「保育ノ要旨」という見出しも用いられている。

その後も、「保育」という用語は、子どもを守り育てるという意味で、関連書籍の表題としても使われている。代表的なものを2、3挙げれば、1893（明治26）年には、ハウ女史（Howe, Annie Lyon 1852～1943）が『保育学初歩』を、1904年には、東基吉（1872～1958）が『幼稚園保育法』を、1906年には、中村五六（1860～1946）が『保育法』を刊行している。中村はこの時、東京女子高等師範学校（東京女子師範学校の後身）教授兼附属幼稚園主事であったが、その書において、「保育」の意味を「幼児を保護養育するの意にして、……」と説明している。

時は流れ、戦後の1947（昭和22）年に、「日本国憲法」の精神に基づいて「学校教育法」が公布されたが、ここでも「幼稚園は幼児を保育することが目的である」と「保育」という用語が使用されている。この法を起草した坂元彦太郎（1904～1995）によると、保育とは「保護と教育」の略

で、外からの保護と内からの発達を助けることを一体と考えて「保育」という言葉にしたのだという。中村五六がかつて、保育は「保護養育する」の意味であると説明したことを見たが、今日では、坂元の考える「保護と教育」の略として「保育」という言葉が使用されている場合が多いと言えよう。そのようなわけで、「保育」という言葉は、今日では一般には英語でも、"early childhood education and care"というように訳されている場合が多い。

3　昭和30年以降の「保育」の意味

　戦後昭和30年代（1955 〜 1964）以降になっての様子も概観しておこう。フレーベル研究の権威であり、日本保育学会の会長も務めた荘司雅子は、その著『幼児教育学』（柳原書店、1955年）の中で、「保育とは、幼児教育の特別な呼称であり、消極的に子どものうちなるものを守り育むこと」と説明している。同じ年に、小川正通もその著『保育原理』において「かっては教育といえば、主知的、訓練的なものを予想していたので幼児保育といったが、新しい教育の立場からは、幼児教育といっても差し支えないのである」と述べている。さらにその翌年の1956年、山下俊郎もその著『保育学概説』において、保育は「幼児教育の特別な呼び方」であって、子どもを「保護し、いたわり、面倒を見てやり、世話しながら教育の営みをする意味」と説明している。

　いずれにしても、保育界の一時期を代表する荘司雅子、小川正通、山下俊郎のいずれもが、「保育」を「幼児教育」と同じ意味を持つ呼び方として捉えたのであった。同じ意味ながら、かつてはなぜあえて「保育」という言葉が使われたのかに関して、日名子太郎は、「教育」という言葉が、とかくわが国では主知・訓練的・技術的な意味にとられ、これを用いることによってそのような印象を周りに与えかねないこと、さらに、そのような傾向が実際に乳幼児期の指導に持ち込まれることを心配して「保育」という別の言い方が用いられてきたとし、小川正通の意見に賛

同を表している。現在では、「保育」はほとんど「幼児教育」と同じニュアンスで使用されていると言っていいであろう。

第3節　消極的、受動的教育としての保育

1　ルソーにおける消極的教育としての保育

　ところで、先ほど見たように、荘司雅子は、保育は幼児教育の特別な呼称であるが、それは「消極的に子どものうちなるものを守り育む」ところに特徴があるとした。いったい「消極的教育」とは、具体的にどういう教育なのであろうか。

　周知のように、「消極的教育」という言葉を明確に使用したのは、スイスのジュネーヴに生まれ、フランスで活躍した思想家、ルソー（Rousseau, Jean-Jacques 1712～1778）であった。ルソーはその著『エミール、または教育について』において、人間の教育の過程を、エミールという一人の男の子の成長過程に添って論じていった。まず、人間の子どもを含め、「創造主の手を出るとき、事物は何でも善くできている」と冒頭において述べ、人間の自然の善性を深く信じて、人為的な文明や制度を嫌悪した。その結果、「自然を観察」し、「自然の示してくれる道に従う」ことを力説した。よって、親や家庭教師のなすべき仕事はただ、自然の研究に努め、「自分の子どもに対する世話が自然にそむくことのないようにすることだけ」だとした。つまり大人は、子どもの自然な発達に応じて教育すべきだとしたのである。

　ルソーによれば、幼児期には「理性」はほとんど働かないのであり、あるのはせいぜい「感覚的理性」なのであった。であるから、幼児期に、道徳や宗教について概念や言葉によって積極的に教え込まれる教育は、無益であるばかりでなく、誤謬を教えてしまうことになるとした。そこ

でルソーは「初期の教育は純粋に消極的であるべきである」としたのである。つまり、幼児の教育は、美徳や真理を言葉で教えることではなく、「心を悪徳から、精神を過誤から守ってやること」であるとしたのであった。

「消極的教育」というから、「子どもの教育に対して消極的になる」ことかといえば、そういうことでは決してないのである。大人が自分の考えを子どもに積極的に教え込んだり守らせたりするという、一方的な教育に対して反対したのである。ルソーによれば、「子どもには、子どものものの見方、考え方、感じ方がある」わけで、大人のものの見方や感じ方を押しつける積極的な教育を否定したのである。だから、ルソーは教育することを否定したどころか、子どもの物の見方、考え方、感じ方を尊重する教育を積極的に推し進めることを強調した、とも言えるわけである。

2 フレーベルにおける受動的、服従的教育としての保育

ルソーの「消極的教育」の考えを受け継ぎ、幼児教育思想を独自に体系づけ、世界で最初の「幼稚園」(Kindergarten) を創立して、幼児教育の実践に踏み切ったのはフレーベル (Fröbel, Friedrich August 1782～1852) であった。

フレーベルはその著『人の教育』(Die Menschenerziehung) において、「人間と自然とは、ともに神から出て、神によって規定され、神の中に生存する」と記している。つまりフレーベルによれば、神は人間を包括する者でありながら、人間の中に内在する者でもあった。この考え方を「万有在神論」というが、この世界観から人間を捉えるとき、人間の内には「神性」があるとされた。しかも、「神性がなんの妨げもなく働くときには、その働きは必ず善であり、また善でなければならない」とされた。さらにその「神性」は、幼ければそれだけ純粋に存在するものとされた。「児童神性論」はそのような背景から出ている。よって、フレーベルに

よれば、「外見は粗暴で強情でわがままで少しも善良ではないような子どもでも、その内実はかえって、自治的に善をなそうと活発に熱心に元気よく努め励んでいるもの」であった。そこにフレーベルの有名な命題が出てくるのである。
　フレーベルによれば、幼児の教育は「必ず受動的、服従的であることをその本来の根本的特徴とすべく、……決して命令的、規定的、感傷的であってはならない」ものであった。ここにフレーベルにおける「受動的、服従的教育」の「優位」が言われるのである。しかし、ここで問題なのは、「優位」ということの意味である。ルソーの「消極的教育」の場合と同じように、フレーベルの「受動的、服従的教育」ということも、子どものなせるものを全て肯定し、大人は子どもにおける神性の働きを信じて、子どもに服従してばかりなのではないということである。フレーベルはもちろん、子どもが「蠟か粘土の塊でもあるかのように」、大人の思うままに「自由に取り扱われうるもの」とされることには反対している。だが、命令的な教育を全面的に禁止しているわけではないのである。
　というのは、フレーベルは人間の本来的な善を認めながらも、「外見は善良に見えても、内心は必ずしも善良でないような、すなわち自治の心から、または愛と尊重と敬意とをもって善をなすのではないような子どもがしばしばいる」ことを認めている。フレーベルによれば、真の教育は、同時に2つの目的を持ち、二重の側面を考えておくべきであり、与えることと取ること、結合と分解と同じように、命令と服従にも注意して、「両々そのよろしきをうるように努めるべき」であるとしている。フレーベルにおいては、幼児教育も、ただ単に「受動的」側面だけではなく、「命令的」な教育の両面をきちんと捉えていたのである。フレーベルにおける幼児教育論では、「受動的」「服従的」という用語が強すぎて使用されると、誤解を生じることがあることに注意が必要であろう。

【引用・参考文献】

貝塚茂樹・藤野岩友・小野忍編『角川漢和中辞典』角川書店、1984年
中村五六『保育法』国民教育社、1906年（『明治保育文献集第8巻』に所収）
東基吉『幼稚園保育法』目黒書店、1904年（『明治保育文献集第7巻』に所収）
日名子太郎『保育学概説』学芸図書、1988年
フレーベル，F. W. A.（小原國芳訳）『人の教育』玉川大学出版部、1976年
ポルトマン，A.（高木正孝訳）『人間はどこまで動物か』岩波新書、1966年
ルソー，J.-J.（永杉喜輔・宮本文好・押村襄訳）『エミール』玉川大学出版部、1965年

（石橋哲成）

第2章　保育のねらいと内容

第1節　幼稚園教育のねらいと内容

　幼稚園の子どもたちが、教師の指導の下、遊んだり生活したりしていることを「保育」というが、そこには教師の「こうなってほしい」という願いがある。この願いを達成するために、教師が指導する事柄が「保育の内容」であり、教師の願いが「保育のねらい」である。

　「保育のねらいと内容」は、教師が自分だけで決めたものではないし、子どもが自分たちだけで行っているものでもない。幼稚園教育は、目的と目標が法律で定められており、それに基づいて幼稚園教育要領でねら

図表1　幼稚園教育の目的・目標・ねらい・内容

幼稚園教育の目的	学校教育法第22条 幼稚園は、義務教育及びその後の教育の基礎を培うものとして、幼児を保育し、幼児の健やかな成長のために適当な環境を与えて、その心身の発達を助長することを目的とする。
幼稚園教育の目標	学校教育法第23条 5つの目標（健康・人間関係・環境・言葉・表現）
幼稚園教育のねらい	幼稚園教育要領 幼稚園教育において育みたい資質・能力を幼児の生活する姿から捉えたもの
幼稚園教育の内容	幼稚園教育要領 ねらいを達成するために指導する事項（5領域に分けて示されている）

（筆者作成）

いと内容が定められている。ねらいと内容を理解するためには、まず幼稚園教育の目的や目標について理解する必要がある（**図表1**）。

1 幼稚園教育の目的・目標

幼稚園教育の目的は、学校教育法第22条に示されている。

学校教育法第22条
　幼稚園は、義務教育及びその後の教育の基礎を培うものとして、幼児を保育し、幼児の健やかな成長のために適当な環境を与えて、その心身の発達を助長することを目的とする。

目的を具体的に示したのが目標である。次のように学校教育法第23条に5領域に分けて書かれている。

学校教育法第23条
　幼稚園における教育は、前条に規定する目的を実現するために、次に掲げる目標を達成するよう行われるものとする。
　一　健康、安全で幸福な生活のために必要な基本的な習慣を養い、身体諸機能の調和を図ること。
　二　集団生活を通じて、喜んでこれに参加する態度を養うとともに家族や身近な人への信頼感を深め、自主、自立及び協同の精神並びに規範意識の芽生えを養うこと。
　三　身近な社会生活、生命及び自然に対する興味を養い、それらに対する正しい理解と態度及び思考力の芽生えを養うこと。
　四　日常会話や、絵本、童話等に親しむことを通じて、言葉の使い方を正しく導くとともに、相手の話を理解しようとする態度を養うこと。
　五　音楽、身体による表現、造形等に親しむことを通じて、豊かな感性と表現力の芽生えを養うこと。

---

2 幼稚園教育のねらい

ねらいは、幼稚園教育の目的・目標を達成するためのものであるので、「幼児期の終わりまでに育ってほしい姿」という形で幼稚園教育要領に

具体的に示されている。そして、ねらいは、子どもの発達をふまえて、目標と同様に5領域にまとめて示されている。

例えば、健康の領域は次のようである。

> (1) 明るく伸び伸びと行動し、充実感を味わう。
> (2) 自分の体を十分に動かし、進んで運動しようとする。
> (3) 健康、安全な生活に必要な習慣や態度を身に付け、見通しをもって行動する。

(1)の「充実感を味わう」は心情面の育ちであり、(2)の「運動しよう」は意欲面の育ちであり、(3)の「習慣や態度を身に付ける」は態度面の育ちを表している。このように各領域のねらいは、それぞれ、心情・意欲・態度として考えることができる。

「ねらい」の大きな特徴は、到達目標ではなく方向目標であるということである。幼稚園教育要領には「この章に示すねらいは、幼稚園教育において育みたい資質・能力」とあるように、身につける方向へ向かってほしい事項である。例えば、健康のねらいの(1)は「明るく伸び伸びと行動し、充実感を味わう」である。充実感を味わう経験をすることはできるが、いつも充実感を味わっていることは大人でもなかなかできない。このように、幼稚園教育のねらいは、ある特定の時期までに子どもが身につけなければならない（学習すべき）目標ではなく、身につけるよう努力してほしい（身につかなくてもよいが…）目標（方向目標）という特徴を持っている。

3　幼稚園教育の内容

内容は「ねらいを達成するために指導する事項」であり、「ねらい」を具体的な子どもの姿として示したものである。

例えば、言葉の「2　内容」に「(1) 先生や友達の言葉や話に興味や関心をもち、親しみをもって聞いたり、話したりする」とあるが、このように子どもが行動することによって、「言葉で表現する楽しさ」や

「よく聞き、話し、伝え合う」こと、また「言葉が分かる」「先生や友達と心を通わせる」ことができると考えるのである。

第2節　保育所保育のねらいと内容

　保育所保育も幼稚園教育と同じように、保育士の指導の下、子どもたちが遊んだり生活したりしていることを「保育」という。そして、それは「保育のねらいと内容」に基づいて行われている。

　保育所保育も目的と目標が定められており、それに基づいて保育所保育指針でねらいと内容が定められている。保育所保育のねらいと内容は幼稚園教育と異なっている。そこに保育所と幼稚園の性格の違いがある。

　保育所保育の目的や目標を理解すると同時に、幼稚園教育との違いも含めて理解するとよい（**図表2**）。

図表2　保育所保育の目的・目標・ねらい・内容

保育所保育の目的	児童福祉法第39条 保育を必要とする乳児・幼児を日々保護者のもとから通わせて保育を行うことを目的とする。
保育所保育の目標	保育所保育指針「第1章　総則」 ア　子どもが現在を最も良く生き、望ましい未来をつくり出す力の基礎を培うために、次の　目標を目指さなければならない。（養護・健康・人間関係・環境・言葉・表現） イ　入所する子どもの保護者に対し、その援助に当たらなければならない。
保育のねらい	保育所保育指針 保育の目標をより具体化したもの
保育の内容	保育所保育指針 「ねらい」を達成するために、子どもの生活やその状況に応じて保育士等が適切に行う事項と、保育士等が援助して子どもが環境に関わって経験する事項を示したもの

(筆者作成)

1 保育所保育の目的・目標

　保育所保育の目的は、児童福祉法第39条に示されている。幼稚園教育と異なるのは、「保育を必要とする乳児・幼児」の保育をする点である。そして、この目的を具体的に示したのが、保育所保育指針第1章総則「保育の目標」である。幼稚園教育と異なり、「子どもの育ちのため」と「保護者の子育て支援」の2つの目標があり、「子どもの育ちのため」はさらに「養護」と「教育」に分かれている（**図表3**）。

2 保育所保育のねらい・内容

　保育所保育の目的の「子どもの育ち」については保育所保育指針「第2章　保育の内容」に詳しく書かれている。また、保護者の子育て支援については「第4章　子育て支援」に詳細があるが、「ねらい・内容」に分かれておらず、留意点があるのみである。

　まず、保育の「ねらい」とは「保育の目標をより具体化したもの」で、保育所保育の目標にそって、6項目から捉えることができる。6項目の最初の項目は養護のことを指し、「子どもの生命の保持及び情緒の安定を図るために保育士等が行う援助や関わり」である。そして、残りの5項目は「保育を通じて育みたい資質・能力を、子どもの生活する姿から捉えたもの」である。保育所保育のねらいも、幼稚園教育と同様に方向

図表3　保育所保育指針に示された「保育の目標」

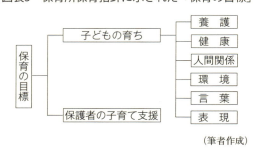

（筆者作成）

図表4　保育所保育のねらい・内容と養護・教育の関係

ねらい	子どもが保育所において、安定した生活を送り、充実した活動ができるように、保育を通じて育みたい資質・能力を、子どもの生活する姿から捉えたもの	
	養護	教育
養護と教育の役割	子どもの生命の保持及び情緒の安定を図るために保育士等が行う援助や関わり	子どもが健やかに成長し、その活動がより豊かに展開されるための発達の援助
内容	生命の保持、情緒の安定	《5領域》 健康、人間関係、環境、言葉、表現

(筆者作成)

目標であるという特徴がある。

　内容は、幼稚園と同様に「ねらいを達成するために指導する事項」であるが、幼稚園教育と違い「子どもの生活やその状況に応じて保育士等が適切に行う事項」と「保育士等が援助して子どもが環境に関わって経験する事項」の2つに分けられている。そして「養護」は「生命の保持及び情緒の安定」の2つに、「教育」は「健康・人間関係・環境・言葉・表現」の5領域に分けられている（図表4）。

第3節　ねらいと内容の実際

1　幼稚園教育の実際

　実際に幼稚園で指導するときの方法について、幼稚園教育要領に次のように書かれている。

> ＜ねらい＞
> 幼稚園における生活の全体を通じ、幼児が様々な体験を積み重ねる中で相互に関連をもちながら次第に達成に向かうものである。
> ＜内容＞
> 幼児が環境に関わって展開する具体的な活動を通して総合的に指導されるものであること。

つまり、幼稚園では、5領域に分けて書かれている「ねらい」を実際に指導するときは、各領域を別々に指導するのではない。子どもがいろいろなことを経験し、その中でさまざまな領域の「ねらい」が徐々に身についていくのである。そして、そのときの内容は「環境に関わって展開する具体的な活動」つまり、遊びを通して指導する。また、それらを一つ一つ分けて指導するのではなく「総合的に」指導するのである。

例えば、次のような遊びの場面を考えてみよう。

> 保育室に準備していた風呂敷を見つけた3歳児が、「結んで」と言ってきたので、先生が「アンパンマンみたい」と言いながら結んでやると、得意そうにアンパンマンのまねをし始めた。それを見ていた周りの子どもも次々に風呂敷を結んで、アンパンマンごっこになった。

この遊びの中で、①自分で行動する（健康）、②身近な先生や友達と関わりを深める（人間関係）、③置いてあった風呂敷という環境に自分から関わり、発見を楽しんだり、考えたりする（環境）、④自分の気持ちを伝える（言葉）、⑤アンパンマンを自分なりに表現して楽しむ（表現）、という5領域のねらいが子どもに育っていることが分かる。

このように5領域のねらいや内容は、子どもの遊びの中で総合的に指導されるべきものである。

2　保育所保育の実際

保育所で実際に保育するときの方法は、保育所保育指針を基本に、次のようにまとめられる。

> ＜ねらい＞
> 　保育士等が、「ねらい」及び「内容」を具体的に把握するための視点として、「養護に関わるねらい及び内容」と教育に関わるねらい及び内容との両面から示しているが、実際の保育においては、養護と教育が一体となって展開されることに留意することが必要である。
> ＜内容＞
> 　5領域（教育）並びに「生命の保持」「情緒の安定」（養護）に関わる保育の内容は、子どもの生活や遊びを通して相互に関連を持ちながら、一体となって展開されるものである。

　つまり、保育所保育の「ねらい」は養護と教育に分かれているが、実際に子どもを保育するときは分けて考えるのではない。養護と教育が一体となって展開されることが重要である。また、養護と教育の内容は、「子どもの生活や遊び」の場面（保育所での全ての時間）の中で、一つ一つが分かれることなく「総合的に」行われるのである。

　例えば、赤ちゃんのおむつ替えの場面を思い浮かべてみよう。保育士は暖かな部屋で優しく声を掛け、穏やかにおむつを替える。このことによって、赤ちゃんには次のねらいが育つ。

　①快適に生活できる（生命の保持）
　②安心できる（情緒の安定）
　③排泄の習慣につながる（健康）
　④保育士に愛情や信頼感を持つ（人間関係）
　⑤暖かで安らかな環境に触れる（環境）
　⑥保育士の言葉や話しかけに応答する（言葉）
　⑦心地よさを表情や声で表現する（表現）

　おむつ替えは養護に関わる事項であると考えてしまいがちであるが、教育の5領域それぞれの育ちがある。つまり、養護と教育が一体となっておむつ替えという保育が展開されており、また幼稚園教育と同様に、教育の5領域は総合的に行われているのである。

第4節 保育の社会的意義

1 子どもの保育

　幼稚園は学校教育法第22条で、保育所は児童福祉法第39条で、「保育する」施設であると定義されている。社会の未来を担う子どもたちの成長・発達を支えるという重要な意義がある。

　社会の変化に伴って子どもの育ちも変化している。特に、近年増加しているのが「遊べない」子どもである。遊ぶために必要な「仲間」「空間」「時間」という「三間(さんま)」の減少がその理由である。幼児期の子どもの学習に、遊びは重要である。したがって、幼稚園・保育所は子どもが十分に遊ぶことができる環境を整える役目がある。

2 保護者支援

　園に通ってくる子どもの保護者が、家庭で充実した子育てができるように支援することも、保育施設の社会的意義である。子どもの育ちのためには、幼稚園や保育所だけでなく、家庭の環境を充実させることも必要である。そのため、保護者の相談に応じたり助言したりすることで、子育ての不安を解消し、生き生きとした子育て環境を生み出すことができる。

3 地域・小学校との連携

　子どもは地域で育ち、小学校へと進学する。地域との交流を通して、地域の子育てを応援する力を育てることが、子どもの成長・発達につながる。また、園に通園する子どもの保護者だけでなく、地域の子育てをしている家庭への子育て支援も重要な役目である。

【引用・参考文献】
阿部明子・中田カヨ子編著『保育における援助の方法』萌文書林、2010年
厚生労働省『保育所保育指針＜平成29年告示＞』フレーベル館、2017年
厚生労働省『保育所保育指針解説』一般社団法人全国保育士養成協議会、2018年
内閣府・文部科学省・厚生労働省『幼保連携型認定こども園教育・保育要領＜平成29年告示＞』フレーベル館、2017年
文部科学省『幼稚園教育要領＜平成29年告示＞』フレーベル館、2017年

（小野順子）

第3章 保育所保育と家庭的保育

第1節 生涯発達における乳幼児期の重要性

1 乳幼児期の子ども

　子どもは大人になる存在である。どのように子どもが成長していくのかということを保育者は考察すると同時に、子どもの成長が人間の生涯においてどのような意味があるのかということを考えなければならない。
　ドイツの教育者シュタイナー（Steiner, Rudolf 1861～1925）は、真の教育においては、子どもの現在を見るだけではなく、人間の生涯を見渡してその成長を考えることが重要であるとして、7歳までを「第一7年期」、14歳までを「第二7年期」、21歳までを「第三7年期」と呼んだ。そのうえで、7歳までの乳幼児期は、人間のあらゆる成長・発達の土台になるものと考えられたのである。
　保育者は乳幼児と深い関わりを持ち、子どもの成長を手助けしている。乳児が歩行するようになった様子や幼児が外遊びを楽しみ、室内では絵本やお絵描きに夢中になる姿を、保育者は観察している。保育者にとって、日々成長していく存在である乳幼児との関わりは喜びである。乳幼児がいつの日か成長を遂げて大人になる時期を迎えることは、誰しも理解している。生まれたばかりの小さな子どもを見て嘆く人は誰もいない。それは、誕生したばかりの子どもが成長してやがて大人になることを、誰しも理解しているからである。保育者が「どうかこの子どもが無事に育つように」と願いながら、子どもの状況を見守ることは、子どもの成

長をより豊かなものにする。

　乳幼児が成長していくためには、それに適した環境が与えられることが重要である。オオカミに育てられた子どもであるアマラとカマラのように、たとえ人間として生まれた子どもであっても、適切な養育環境が準備されなければ困難を来すことになるからである。子どもは歩くことを覚え、言葉を知り、人との関わりやさまざまな経験によって成長する。多くの学びを通して、子どもは人間としての成長を遂げていく。そうした意味で、子どもの誕生というものは、保育において重要な意味を持っている。子どもは母親の胎内で生命を授かり、誕生によってこの世に生きていく機会を与えられるが、ポルトマン（Portmann, Adolf 1897～1982）の言うように、生理的早産のために未熟であり、一人で生きていくことはできない。よって子どもは、自分を保護してくれる大人の傍らで、大切に育てられて成長していくのである。そのために、保育者は重要な役割を果たしている。

2　乳幼児と大人との関わり

　子どもは、日々成長・発達している。発達（development）とは「展開」を意味し、花を咲かせるイメージにたとえられる。人間の生涯は、植物の成長に重ねられるのである。春になると、植物は種から芽を出し、夏になると多くの葉を付け、花を咲かせ、秋になると多くの実がなり、やがて冬になると枯れていく。どの時期の植物も美しい限りであり、生命の神秘さを感じさせるものである。植物は、水をやらなければ枯れてしまい、水をやりすぎると根腐れしてしまう。近年、子育ても過保護や虐待などさまざまな問題が生じているが、子どもの発達をどのように大人が手助けしていくのかは大きな課題である。

　エリクソン（Erikson, Erik Homburger 1902～1994）は、人間の生涯を視野に入れて発達論を構築した。それは、乳児が老人になるまでの過程を8つの発達段階に分けたものである。第Ⅰ期は乳児期、第Ⅱ期は幼児期初

期、第Ⅲ期は遊戯期、第Ⅳ期は学童期、第Ⅴ期は青年期、第Ⅵ期は前成人期、第Ⅶ期は成人期、第Ⅷ期は老年期である。子どもは、乳児期から幼児期および児童期に成長していく中で、同じように成長を遂げていく大人と深い関わりを持つ。子どもも大人も、互いに関わりながら成長していくのである。それは、子育てを通して進められる。

エリクソンは、乳児期の子どもにとって最も重要な関わりを持つ人は母親的人物であると考えた。母親的人物とは、母親もしくは母親に代わり子どもの世話をする人物を指している。エリクソンは、乳児と母親的人物との関係に注目し、両者に信頼関係が生まれると、乳児は希望を持つことができるようになると考えた。母親に愛情を持って育てられて、子どもは安心して育つのである。この世に初めて誕生した子どもは、希望がなければ戸惑いを覚える。希望は、人間が生きていくうえで重要な意味を持っている。子どもに希望がなければ、あらゆるものが育つ力が発揮されず、子どもは不安定な状態に陥るからである。

このように、子育ては母子関係が基本である。エリクソンは、乳児期以後、さらに幼児期において、子どもは父親を含めた親的人物との関わりや、兄弟姉妹を含めた基本家族が重要な関わりになっていくことを説いたが、まず、母子関係から子どもの成育環境は始まり、それを基礎にしながら、子どもは人間関係を広げて成長していくのである。

第2節　家庭的保育と保育所保育の特徴

1　家庭的保育

(1) 待機児童と家庭的保育事業

このように、子育てにおいて家庭の養育は基本的なものとなる。子育ては本来、家庭で行うものであり、母子関係を基本にしながら、子ども

は安心して日々成長していくのである。

　しかし、近年においては専業主婦の母親は減少傾向にあり、家庭で常に母親が傍にいながら子どもの世話をすることが困難になりつつある。むしろ、専業主婦よりも有職者の母親が増える傾向にあり、母親の就労中に子どもの世話を引き受けてくれる場所が求められたのである。保育所保育は、そうした傾向の中で必要になったと言えよう。保育所は乳児の世話も行い、長時間の保育が可能であるため、母親の就労を助けるものとしてその必要性が高まったのである。母親の就労が増加する傾向の中で、今日ではさらに待機児童の問題も生じるようになった。保育所不足の解消は急務であり、その打開策が模索される中で、わが国では家庭的保育事業が創設されることになったのである。

　家庭的保育はその歴史を京都市の昼間里親（1950年）や東京都の家庭福祉員制度（1960年）、神奈川県の家庭保育福祉員制度（1960年）に遡ることができる。これらの制度は保育所不足や乳児保育を補完するものとして地方自治体により実施された。これを基礎に2000年、待機児童の問題を解消するため、家庭的保育事業が創設されたのである。そして、2008年には、改正児童福祉法の成立により、家庭的保育は国の保育事業として位置づけられ、2010年より施行されている。

（2）**家庭的保育の特徴**

　家庭的保育の定義について、児童福祉法では次のように定められている。

　家庭的保育事業とは「子ども・子育て支援法第19条第1項第2号の内閣府令で定める事由により家庭において必要な保育を受けることが困難である乳児又は幼児（中略）であつて満三歳未満のものについて、家庭的保育者（中略）の居宅その他の場所において家庭的保育者による保育を行う事業」である（児童福祉法第6条の3第9項。2015年4月1日施行）。

　具体的に示すと、家庭的保育とは0歳を含む3歳児未満の子どもを対象にした保育事業であり、家庭的保育者が自分の居宅もしくはその他の場において保育を行うのである（保育の体制が整備されていない地域では、

3歳児以上の子どもも対象になる)。家庭的保育者は保育士を基本にしているが、市町村長が保育士と同等以上の知識と経験を有する者と認めた場合も含まれる。家庭的保育を利用する子どもは、待機児童に該当する子どもが多いことが特徴である。

家庭的保育の保育時間は、1日8時間を原則にしている。保育の規模は、家庭的保育者1人につき乳幼児3人以下までと定められているが、家庭的保育補助者と共に保育に当たる場合には、乳幼児5人以下まで保育を行うことができる。家庭的保育の一日のプランは**図表1**のとおりである。

家庭的保育は0歳児から3歳児未満の保育のため、おむつ換えや検温など身体面の配慮が必要になる。子どもの生活にリズムをつけるために、まず基本的生活習慣(食事・排泄・睡眠・着脱衣・清潔)の確立を目指すことがポイントになる。また、保育の内容においては、季節の行事を取り入れたプランを実施している。

家庭的保育では、保育者が家庭的雰囲気の下で保育に携わる。子どもは保育者の居宅において家庭のようにゆったりと過ごせることが大切である。また、保育所では同年齢保育が通常であるが、家庭的保育では異

図表1　家庭的保育の一日

時間	主な保育内容
8時	登室　健康観察　自由遊び
9時半	おやつ　水分補給
10時	散歩　外遊び　帰室　手洗い・うがい
11時半	昼食
12時	午睡準備　おむつ換え　トイレ　歯磨き
12時半	午睡(5分おきに睡眠中の呼吸を確認する)
14時半	目覚め・検温
15時	おやつ　自由遊びまたは散歩
16時	帰宅の準備　身体・衣服の清潔　身支度の個人点検　降室　保護者への連絡・報告

出典:[家庭的保育研究会、2015]を基に作成

年齢保育が通常の形態である。異年齢の子どもたちが共に過ごす中で優しさや思いやりの気持ちが育つように、保育者は配慮しなければならない。

2 保育所保育の特徴

保育所は、家庭的保育のように家庭的雰囲気を保ちながら、子どものために保育を行う施設である。家庭的保育と比較すると、保育所保育は多くの保育室や園庭など十分な設備に恵まれる。職員も、施設長、保育士、看護師、栄養士、調理員、嘱託医など多様な職種の職員が勤務している。こうした規模の大きい保育体制の中で、0歳から6歳までの乳幼児の生活が営まれるのである。

保育所の保育時間は、一日8時間を原則にしているが、延長保育や休日保育もある。保育所の一日のプランは**図表2**のとおりである。

一日の保育の流れの中で、多くの子どもたちが互いに触れ合う。子どもたちの関係が多様になり、集団遊びがダイナミックに展開していくことが保育所保育の魅力である。さまざまな経験を通して、子どもの育ち

図表2　保育所の一日

時間	保育内容　（3歳児以上の場合）
8時	登園　自由遊び（外遊びあるいは室内遊び）
9時	朝の会
10時	主活動
11時半	昼食
13時	午睡
14時半	目覚め
15時	おやつ
16時	自由遊び（外遊びあるいは室内遊び）
16時半	帰りの会　順次降園
17時	延長保育
18時	降園

（筆者作成）

が豊かなものになるように、保育者は子どもたちを誘導しなければならない。保育所保育では同年齢保育が基本であるが、子どもの状態は月齢によって異なるため、保育者は個人差にも配慮する必要がある。また、一人ひとりの子どもの違いだけではなく、一人の子どもについても一日の時間の流れの中でさまざまな状況に応じて変化することを、保育者は理解しなければならない。家庭的雰囲気の下で、保育者は一人ひとりの子どもの育ちに対応することが求められるのである。

第3節　家庭との連携

1　保育所と家庭

　保育所では、子どもの家庭との連携の下に保育が行われなければならない。保育所保育指針には、次のような記述がある。「保育所は、その目的を達成するために、保育に関する専門性を有する職員が、<u>家庭との緊密な連携の下に</u>、子どもの状況や発達過程を踏まえ、保育所における環境を通して、養護及び教育を一体的に行うことを特性としている」（下線は筆者）。子どもは、保育所と家庭の両方で一日を過ごす。子どもがどちらの環境においても快適に過ごせるように配慮されなければならない。

2　保護者に対する援助

　保育所と家庭が連携するためには、保育者は子どもの一日の様子（子どもの体調や出来事など）を保護者に伝えることで、保護者に安心感を与え、子どもが家庭においても継続的に適切な養育が行われるように配慮しなければならない。保育者は、保護者からの育児相談にも積極的に応じる必要がある。また、行事には保護者にも積極的に参加してもらう

など、日頃から保育所と家庭が連携していく中で、保育が円滑に進められるように配慮されなければならない。

近年では、保護者の保育所一日参加といった試みもある。保護者に保育所における子どもの日常生活を見学してもらうことで、保護者の保育所理解が深まり、保育所と家庭の関係が深まるというものである。保育所と家庭が連携される中で、子どもが安心して過ごせるのである。

第4節 「母親支援」の本来の姿

1 母親の生き方

子育てに母親の存在は不可欠である。では、母親はどのような存在であるべきなのだろうか。例えば羽仁もと子（1873～1957）は、家庭の中心に母親を据え、母子関係を基本とした育児論を提唱した。「母親の人柄がもしも子どもの心服に値すべく十分であったならば、教育の九分通りまでは、すでに成功したといってもよいと思います」という彼女の言葉は、母親が子どもの手本であることを示している。母子関係から育児論を展開する羽仁もと子にとって、まず第一に、母親の態度が育児の根本として問われるのであり、家庭の中心である母親の生き方が基本にあると言えよう。

2 家庭生活のあり方

羽仁もと子によると、家庭教育とはまず家庭のあり方を問うことであり、衣食住を中心とした家事家計が整然と行われてこそ、初めて育児ができるという解釈が成り立つのである。例えば、栄養のバランスを考えた食事が準備されると、子どもにとって健全な食育が進められる。衣服についても、子どもにとって動きやすい、季節に応じた着回しやすい服

装が用意されると、子どもは室内でも戸外でも活動しやすくなるのである。子育ては家庭生活の中の一分野であり、家事・家計が滞るようであれば、育児は不完全なものになるという考えが成り立つ。どのように家庭経営を行うかということが、育児の前提として問われているのである。

しかし、就労中の母親は、夜間保育や休日保育を利用しなければならない場合もあり、母親自身がゆっくりとリラックスできる時間的余裕がないことが今日の状況である。母親の日常を理解し、家庭生活のあり方から支援していくことが、今後の課題であると言えるだろう。

【引用・参考文献】

エリクソン，E. H. ＆エリクソン，J. M.（村瀬孝雄・近藤邦夫訳）『ライフサイクル、その完結』みすず書房、2001年

家庭的保育研究会編『家庭的保育の基本と実践』福村出版、2015年

グルネリウス，E. M.（髙橋巌・髙橋弘子訳）『七歳までの人間教育——シュタイナー幼稚園と幼児教育』水声社、2007年

厚生労働省『保育所保育指針解説書』フレーベル館、2008年

羽仁もと子『著作集 家庭教育篇〔下〕』婦人之友社、1928年

（馬場結子）

第4章　保護者との緊密な連携

第1節　保育者にとって「保護者」とは何か

1　子ども理解を深めるための連携

　保育者は、日々、子ども理解に努めながら保育をしている。決して保育者の偏った思い込みでその子どもの思いや特性を決めつけてはいけない。「この子は、どのようなことに興味を持っているのかな？」「どのような思いからそのような行動をとったのかな？」と探りながら、子どものことを多面的に捉えて理解しようとする姿勢が求められる。その「子ども理解」を深めるためには、保育時間の姿だけを見るのではなく、家庭での生活も視野に入れながら、その子どもに寄り添っていくことが必要である。家庭での姿も含めて温かく受け止めることは、その子どもが保育の場で安心してのびのびと過ごすことにつながるのである。

　保護者との情報共有の中で、子どもの体調の変化について保護者から伝えてもらうことは、安全を保障するためにも特に重要である。情緒面の変化についても伝えてもらうことにより、保育者は気にかけて見守り、必要な配慮をすることができる。その他、最近興味を持っていることなどを聞いておくと、保育につなげていくことができるかもしれない。

　保育者は保護者が少々のことでも気軽に話すことができるように、日頃から保護者の話に耳を傾ける姿勢を持つようにし、情報を共有しながら子ども理解を深めていかなければならない。

2　保護者理解を深めるための連携

　保育者は、「子どものことを理解しようとする姿勢」以外に、「保護者のことを理解しようとする姿勢」も持たなければならない。
　カウンセリングマインド（内面を共感的に理解していこうとする姿勢）を持ちながら、保護者理解をどのように進めていくとよいか、次の事例を通して考えてみよう。

> 〈事例１〉
> 　５月10日発行のおたよりで、「子どもたちが、給食のときに牛乳を配る手伝いを始めます。６月から、お子さんにマスクを持たせてください」とお知らせしたところ、保護者が「忙しいので準備できません」と連絡ノートに書いてきた。

　このような保護者に対して、「なぜ自分の子どものことなのにそれくらいのことができないのか」と否定的に捉えると、それ以上、保護者理解は進まない。準備期間があるのにこのように書いてきた保護者について、どのような捉えができるだろうか。準備をする時間がないというよりは子どものことに関心が薄い、またはマスクを準備することを重要視していないのではないか、保護者自身の心に余裕がなく、マスクどころではないのではないか、マスクは保育所が用意すればよいと、何でも保育所に任せる傾向があるのではないか……などさまざまな捉えをしてみると、このような返信を書いてきた保護者の気持ちや家庭の状況が少し見えてくるかもしれない。そこから、保護者とつながるきっかけも生まれてくるのではないだろうか。

> 〈事例２〉
> 　おたよりに遠足の持ち物として「水筒」と記したところ、当日、空の水筒を持ってきた子と、ジュースを入れて持ってきた子がいた。

　保育者にとっては当たり前だと思うことも、保護者によっては当たり

前ではないこともある。「こんなことも分からないなんて……」ではなく、「今後は、具体的に詳しく分かりやすく伝えるようにしよう」とこちらの対応を変えていくことで、保護者が子どもに合った関わり方に気づくことができるように配慮していきたい。

　さまざまな家庭があり、さまざまな保護者がいる。保育者が保護者理解に努めても、なかなか理解しづらい保護者もいるかもしれない。しかし、どのような保護者も子どものことを思い、いろいろな葛藤の中で過ごしているということを忘れずに、保護者と接していくとよい。

　保育者は、保護者理解を深めることによって、さらに緊密な連携を図ることができる。そのことは保育の大きな支えとなるだろう。よって保育者は、「いっしょに子どもの成長を見守り支えていく」存在である保護者との、よりよい関係づくりに努力することが求められるのである。

第2節　保護者にとって「保育者」とは何か

1　子どものために

　保育者にとって、保護者から家庭での様子を聞いたり保育所での様子を保護者に伝えたりすることが重要であるのと同じように、保護者にとっても、子どものことを保育者に少しでも分かってもらうことや、どのように保育所で過ごしたかを教えてもらうことは、子どもの安全と健やかな成長のために重要である。

　特に、年齢が低いほど、子どもが自分で保育者に伝えることが困難であるため、保護者は、保育者に配慮してほしいことも含めて、子どもの情報を細かく伝えようとする。3歳未満児クラスの子どもの場合は、排便・食事・体温など体調に関することを毎日連絡ノートに記入して伝え合うことが多い。

また、子どもの中には、保育所と家庭とで見せる姿が違う子もいる。保護者は初め、自分の知らない子どもの姿があることに戸惑うかもしれないが、保育者から様子を伝えてもらうことによって、安心して子どもを任せられるようになり、保育者が「いっしょに子どもの成長を見守り支えていてくれる」存在であることを感じられるようになるのである。

2　保護者自身のために

　核家族化、少子化、地域関係の希薄化によって、子どもだけでなく保護者も、身近な人との関わりが減少している。また、情報化によって手軽に多くの情報を手に入れることができる一方で、どの情報を選び、信用するとよいかが分からなかったり、情報どおりに行ったとしても、それで良いのか確認ができないことによって、ますます不安が募ったりする。さらに、母親に育児、家事、介護、仕事など多重の役割がのしかかり、不安や悩みやストレスを抱えている母親が非常に多い。

　このような保護者にとって、保育者は身近に相談できる専門家として、また、気軽にちょっとした悩みや愚痴、世間話を話せる相手として大切な存在である。思うようにいかない子育てに、ついイライラしてしまっても、それも含めて受け止めてもらえるということが、保護者の支えとなり、子どもと向き合う活力につながるのである。

　保育者は、まず受け止め、保護者の話に耳を傾けることが大切である。そして、必要であれば、具体的な方法の提示など助言をする場合もあるが、あくまでも保護者が自己決定できるように勧めるべきである。

　次の文は、保護者から子どもとの関わり方について、連絡ノートに記されたものである。

> 　実はここ最近、○○（子の名前）の行動が目について怒ってばかりいました。夜、子どもの寝顔を見て怒ってばかりいたことを反省するのですが、また翌朝から怒ってしまう…という毎日でした。
> 　ところが先日の参観日で、先生の○○への声の掛け方が魔法のようで、

> ○○がすぐにやる気になって動いていたのを見て驚きました。私は今まで○○に否定的な言葉ばかり言ってきたように思います。早速、先生のように家でも声を掛けるようにしたら、○○の動きが変わってきました。私もうれしくなって笑顔で接することが増えてきた気がします。言葉掛け一つでこれだけ違うのかとびっくりしましたが、そのことを教えてもらえて本当によかったです。

　保育者は、保護者に対して言葉でアドバイスをすることだけではなく、日々の保育の中で、子どもを通して示していくことにも目を向けるようにしたい。事例のように、保育の実践の中で保護者の「気づき」を促すことは、子育てを支える専門家としての大切な役割である。

　また、幼稚園、保育所や幼保連携型認定こども園は、地域に住む未就園の親子に対しての支援も求められている。園庭開放では、保護者は、わざわざ相談所に行くほどではない「ちょっとした悩み」を、子どもを遊ばせながら保育者に話すことができる。育児中は孤立感を感じやすい母親にとって、保育者が「話しやすい人」として地域の保護者からも信頼される身近な存在になれるとよい。

第3節　保護者との緊密な連携の必要性

1　身近な専門家として

　子どもの成長は目に見えることばかりではない。特に乳幼児期は人間形成の土台となる時期であり、表出されにくい部分である。このときは成果が見えなくても、将来に向けて無限の可能性を蓄えているのである。
　しかし保護者は、目に見える結果を求めてしまう傾向にある。そこで保育者が、目に見えない部分の育ちや、なぜ今そのことがその子にとって大切なのかということを、分かりやすく伝えることが求められる。そ

れは、このような話ができるのは、保護者と信頼関係を結び、子どもの育ちを日々近くで見守る保育者だけだからである。

　保育者は「子どもの最善の利益」を考慮しつつ、その生活を保障しなければならない。保護者に対する支援がしっかりと「子どもの最善の利益」に結び付いている支援であるのかをよく考え、子どもにとっても保護者にとっても意味のある支援をしていかなければならない。保護者は、ときには「子どもの最善の利益」を見失うこともあるので、保育者は、緊密な連携の中で、乳幼児期に大切にするべきことについて保護者に伝えていく役割を果たしていかなければならない。

　保育所保育指針で、「第1章 総則」の1(1)「保育所の役割」において、「……家庭との緊密な連携の下に、子どもの状況や発達過程を踏まえ、保育所における環境を通して、養護及び教育を一体的に行うことを特性としている」と緊密な連携について明記されている。

　また、「第4章　子育て支援」の2(1)では、「保護者との相互理解」として、「日々の様子の伝達や収集、保育所保育の意図の説明」とともに、「保育の活動に対する保護者の積極的な参加は、保護者の子育てを自ら実践する力の向上に寄与することから、これを促すこと」と記され、保護者支援は、保護者の負担を減らすことや保護者の要望を受け止めることにとどまらないことを示している。幼稚園教育要領や幼保連携型認定こども園教育・保育要領においても、同様の内容が示されている。

2　緊密な連携の中で配慮するべきこと

　保護者との緊密な連携といっても、保育者としての枠を超えて保護者と仲よくなりすぎてはいけない。保護者とコミュニケーションを図るために、ときには子どもに直接的に関係のない世間話をすることもあるだろう。しかし、プライバシーに関わるところまで立ち入って、特別に親しくなることは避けなければならない。

　また、保育に必要な情報を知る中で、保育者には守秘義務があること

を決して忘れてはいけない。連携の中では、相手の情報を「知ってしまう」ことや、こちらの情報を「知られてしまう」恐れもあるため、あくまでも保育者として保護者と関わることを忘れずに、その中で緊密な連携をとっていくことが大切である。

第4節 保育所の特性を生かした保護者支援

1 保護者との連携の実際

図表1から分かるように、保育の場では、さまざまな連携方法によって保護者とのつながりが大切にされている。それぞれの連携方法が、どのような意義を持つのか整理して押さえておきたい。保育者は、「いっしょに子どもの成長を見守り支えていく」存在として、日常的に気軽に保護者とやり取りをすることができる。この特性を十分に生かし、さまざまな角度から連携を図ることが大切である。

図表1　保育の場における保護者との主な連携方法と連携の意義

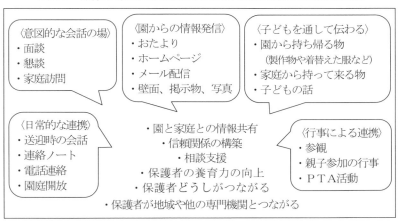

（筆者作成）

2 緊密な連携から生まれるもの

　保護者自身の人と関わる力が弱くなっている今、保護者が社会とつながっていきいきと過ごすための支援が必要とされているのではないだろうか。これからの時代は、母親だけが子育てをしていく時代ではない。みんなでいっしょに子どもたちの健やかな成長を見守っていくことが大切であり、母親も社会とつながった生活を保障されるべきである。保育者は保護者の笑顔を引き出すことができる貴重な存在であり、そしてそれは「子どもの最善の利益」に大いにつながるのである。

【引用・参考文献】
　井村圭壯・今井慶宗『現代の保育と家庭支援論』学文社、2015年
　丸山美和子『子どもの発達と子育て・子育て支援』かもがわ出版、2003年

（栗岡洋美）

第5章 保育所保育指針と施設保育

第1節 保育所保育指針の制度的位置づけ

　保育所とは、児童福祉法第39条に基づき保育を必要とする子どもの保育を行い、その健全な心身の発達を図ることを目的とする施設である。そのため、そこで展開される保育の基盤となる保育所保育指針も、児童福祉法の関連法によって規定されている。保育所保育指針は、児童福祉施設の設備及び運営に関する基準第35条の規定に基づき、保育所における保育の内容に関する事項およびこれに関連する運営に関する事項を定めるもの、と位置づけられているのである。

　保育所保育指針は、2008（平成20）年から厚生労働大臣の告示となり、法的な拘束力が生じることとなった。つまり、保育所における保育内容は、保育所保育指針に記載されている内容から逸脱してはいけないということである。それ以前の保育所保育指針は局長通知であり、その内容に沿うことが望ましい、といった程度の拘束力であった。しかし2008年告示の保育所保育指針からは、それ以前の保育所保育指針とは違い、保育の最低基準を示すものであり、各保育所は保育所保育指針に示される内容を守ることが義務づけられたのである。ただし、告示化されたこの保育所保育指針は、それ以前のものに比べ大綱化されており、各園の方針や状況に沿って工夫ができる余地を残している。

第2節 保育所の役割

保育所の役割については、2017年に告示された保育所保育指針の「第1章　総則」に「1(1) 保育所の役割」として4項目に分けて示されている。

> ア 保育所は、児童福祉法（昭和22年法律第164号）第39条の規定に基づき、保育を必要とする子どもの保育を行い、その健全な心身の発達を図ることを目的とする児童福祉施設であり、入所する子どもの最善の利益を考慮し、その福祉を積極的に増進することに最もふさわしい生活の場でなければならない。
> イ 保育所は、その目的を達成するために、保育に関する専門性を有する職員が、家庭との緊密な連携の下に、子どもの状況や発達過程を踏まえ、保育所における環境を通して、養護及び教育を一体的に行うことを特性としている。
> ウ 保育所は、入所する子どもを保育するとともに、家庭や地域の様々な社会資源との連携を図りながら、入所する子どもの保護者に対する支援及び地域の子育て家庭に対する支援等を行う役割を担うものである。
> エ 保育所における保育士は、児童福祉法第18条の4の規定を踏まえ、保育所の役割及び機能が適切に発揮されるように、倫理観に裏付けられた専門的知識、技術及び判断をもって、子どもを保育するとともに、子どもの保護者に対する保育に関する指導を行うものであり、その職責を遂行するための専門性の向上に絶えず努めなければならない。

「ア」には、保育所は保育を必要とする子どもが入所し、入所している子どもの最善の利益を最優先に考える、福祉の増進にふさわしい生活の場であることを示している。そして「イ」では、保育所で子どもの保育に関わる職員に関して専門性を有していることを示し、さらにその保育内容は環境を通して、養護と教育が一体的に展開されることを述べているのである。つまり、保育所という場とそこで展開される保育内容、それに関わる職員に関する規定である。

「ウ」では、2000年保育所保育指針において示された、地域における子育て支援の役割について、引き続き記している。そして「エ」には、家庭での育児力の低下が問題となっている状況を反映して、保護者に対

して保育に関する指導を行うことも役割として明記している。1999年の保育所保育指針では、地域における子育て支援として、子育てに関する相談や助言を行うことが示されていたが、2008以降は、保育の専門家として保護者に保育指導を行うことも、保育所の役割とした。さらに、2017年告示の保育指針では、保育者が専門性を向上させ続ける必要性が明記された。専門家としての役割を担う責任が示されたといえる。

第3節　保育所保育指針の変遷

1　1965年の保育所保育指針

　保育所保育指針は、1965年に初めて策定されている。それ以前は1950年に保育所の運営指針としての「保育所運営要領」、1952年に児童福祉施設の保育についてまとめられた「保育指針」が作成されたが、保育所保育の理念や保育方法などが体系的にまとめられたのは1965年が最初であった。最初の保育所保育指針が策定された社会的背景としては、保育所に通う子どもの人数が増加し始め、幼稚園の保育内容との整合化について問題とされるようになってきたことがある。そのため1963年には、文部省（当時）と厚生省（当時）の両省から「保育所の持つ機能のうち、教育に関するものは幼稚園教育要領に準じることが望ましい」という局長通知が出されたのである。1964年には幼稚園教育要領が改訂されたが、1965年の保育所保育指針は、1963年の両局長通知を受け、教育に関する内容については、3歳は健康、社会、言葉、遊びの4領域に、4歳以上は幼稚園教育要領と同じ健康、社会、自然、言葉、音楽リズム、絵画製作の6領域で示している。この6領域は、小学校の教科とはその性格を異にするものとされていたが、小学校との連続性を持たせることが観点に置かれていたため、教科的に捉える園も少なくなかったようである。

2 第1次改訂（1990年保育所保育指針）

　1990年には第1次改訂が行われた。最初の保育所保育指針が策定されてから25年後である。この前年に幼稚園教育要領が改訂されており、保育所保育指針はそれを踏まえて保育内容の整合性を図って改訂されている。改訂の背景としては、子どもを取り巻く環境の変化、乳児保育の需要の増加、保育研究の進歩等がある。改訂の主な内容としては、次の3つが挙げられている。

- 養護と教育の一体性を基調としつつ、養護的機能を明確化するために、全年齢を通じて「基礎的事項」という項目で入所している乳幼児の生命の保持、情緒の安定に関わる事項を記載した。
- 乳児保育の普及に対応するために、1歳3カ月未満とされていた乳児の保育内容の年齢区分を、6カ月未満と6カ月から1歳3カ月未満に細分化した。また、障害児保育に関する記述も明記した。
- 保育内容について、前年に改訂された幼稚園教育要領との整合性を図るために、6領域から5領域（健康、人間関係、環境、言葉、表現）に改正した。

3 第2次改訂（2000年保育所保育指針）

　第2次改訂の頃の背景としては、少子化と女性の社会進出が挙げられるだろう。1990年の「1.57ショック」（前年の合計特殊出生率が1.57と、過去最低であったことが判明したときの衝撃のこと）は、少子化の問題を突きつけたのである。これを受け、国は1994年にエンゼルプランを立ち上げる。これは、仕事と子育ての両立を支援するための、保育所の量的拡大や低年齢児の保育、延長保育等の充実、さらに地域子育てセンターの整備などを中心とした施策であった。第2次改訂の保育所保育指針は、このような社会状況の中で策定されたのである。また、これまでと同様に、前年に改訂された幼稚園教育要領との整合性も図られている。以下

は主な改訂内容である。
- ・地域の子育て支援の役割を明記している（第13章「保育所における子育て支援及び職員の研修など」）。
- ・「児童の権利条約」を批准したことを受け、体罰の禁止や乳幼児のプライバシーの保護等、保育士の保育姿勢（保育内容における「保育士の姿勢と関わりの視点」）を明記している。
- ・家庭、地域社会、関連機関等との連携の必要性を明記している。
- ・乳幼児突然死症候群の予防や児童虐待等の対応に関して明記している。
- ・幼稚園教育要領の改訂を踏まえ、「生きる力の基礎を育てる」や「自然体験、社会体験の重視」などの記述がある。

4 第3次改定（2008年保育所保育指針）

　「エンゼルプラン」策定の5年後の1999年には「新エンゼルプラン」、さらにその5年後の2004年には「子ども・子育て応援プラン」が策定され、少子化への対策や子育て家庭への負担軽減等の対策がとられた。しかし、少子化の傾向は解消することはなかった。経済不況の影響もあり、働く女性の増加から、都市部では待機児童の問題も改善されない状況が続いた。そのような背景の中、2008年に改訂された保育所保育指針は、前節で述べたとおり厚生労働大臣の告示となったのである。

　この保育所保育指針の改訂のねらいは、保育の質の向上および保育の専門機関としての地域社会への貢献であった。改訂の主な内容は次のとおりである。
- ・子どもの保育と保護者支援を担う保育所の役割を明確に示し、子どもの人権に対する配慮や個人情報の保護といった保育所の社会的責任を明記している。
- ・保育内容の充実を図るために、発達過程を押さえた望ましい保育内容や経験を、養護と教育の両面から明記している。また、食育の推進に関する内容も含めている。

- 子どもの生活や発達の連続性を踏まえ、小学校との連携を図るために、就学に際し子どもの育ちを支える資料（保育所保育要録）を小学校へ送ることを明記している。
- 保護者の支援に関して、その基本を明らかにしたうえで、保育所に入所している子どもの保護者に対する支援と地域における子育て支援に積極的に取り組むことを示している。
- これまでの「保育計画」を「保育課程」という名称に改め、計画に基づく保育実践とその自己評価、また、それにより生まれた課題についての園内研修などを通して、職員の資質向上、専門性の向上を図ることを求めている。

5　第4次改定（2018年保育所保育指針）

この改定において大きく変わったのは、「第1章　総則」4に、保育所は幼児教育を行う施設であると明示した点であろう。そして、
（1）育みたい資質・能力
（2）幼児期の終わりまでに育ってほしい姿
が明確にされた。ただし、幼児期の教育が遊びを通して行われるという考え方に変更はなく、これまでの保育所保育の理念が大きく変わるわけではないことに留意したい。

第4節　「養護」および「教育」

1　養護とは

2017年に告示された保育所保育指針は、「第1章　総則」1-（1）イの中で「子どもの状況や発達過程を踏まえ、保育所における環境を通して、養護及び教育を一体的に行うことを特性としている」と保育所の特性を

示している。「養護と教育を一体的に行う」という保育所保育の基本姿勢は、1965年に策定された最初の保育所保育指針から踏襲されているものである。では、養護とは何を意味するのであろう。それは、続く「第１章　総則」2-(2) に示されている。ここでは養護を「ア 生命の保持」「イ 情緒の安定」の２つに分けて、そのねらいと内容を挙げている。

　「ア 生命の保持」では、一人ひとりの子どもが快適で健康・安全に過ごし、健康増進が図られることをねらいとしている。それによって子どもの生命と発達を保障していくということである。そのための保育の内容として掲げられているのは、保育士等が子ども一人ひとりの状態をしっかり把握し、家庭や医師などの関連機関とも連携をとりながら、適切な保育環境を整えることで進めていくように、としている。また、基本的生活習慣を身につけることに対して、子ども自身が意欲的に取り組めるように配慮することにも触れている。

　「イ 情緒の安定」では、子ども一人ひとりが安定感を持って生活し、自己肯定感を持って自己表現ができ、心身の疲労が癒やせることをねらいとしている。そして、ねらいを達成するための内容として、保育士等は子ども一人ひとりの状態をしっかり把握し、その気持ちを受容し共感することで、子どもとの信頼関係を築くことが示されている。そして、それを基盤として子ども自身の主体性や意欲が高まる働きかけをするとともに、活動、食事、休息などのバランスを考え、子どもの生活リズムを整えることが示されている。

　つまり、保育所の長い生活時間を考慮して、子ども一人ひとりが安心して安定した気持ちを持ちながら健全な発達ができることを保障し、自発的に意欲を持って生活ができるような人的・物的環境を整えるような配慮をしていくことが、養護の内容と考えることができるだろう。

2　教育とは

　保育所や幼稚園における教育というと、いまだに小学校の学習の事前

教育のイメージを持つ人がいるようである。実際に学習的要素を多く取り入れている幼稚園や保育所も存在する。しかし、幼稚園教育要領および保育所保育指針における教育とは、そのような内容を指しているのではない。2008年に改訂された幼稚園教育要領第1節では、「幼児期における教育は生涯にわたる人格形成の基礎を培う重要なもの」で、幼稚園教育は「幼児期の特性を踏まえ、環境を通して行うものであることを基本とする」としている。さらに第1節2では、「遊びは、心身の調和のとれた発達の基礎を培う重要な学習」としている。つまり幼児期における教育とは、幼児の自発的な活動である遊びを通して行われるものであるということである。そして、幼児が自発的に活動するための環境を整えることが保育者の役割であるとしているのである。保育所における教育についても、幼稚園との整合性が図られていることを考えれば、同様と捉えるべきである。

3　5領域に示される教育とは

　幼稚園教育要領は、保育内容を子どもの発達の側面から5つの領域にまとめて、領域ごとにねらいと内容を示している。2008年に告示となった保育所保育指針においても、5領域は教育的側面として捉えられている。つまり「義務教育およびその後の教育の基礎を培うもの」とする幼稚園の目的（学校教育法第22条）と同じ捉え方をしているということである。さらに、幼稚園教育要領と保育所保育指針の整合性を図るために、5領域のねらいと内容はほぼ同じものとなっている。そしてこの5領域は、小学校以上の学校の教科のように独立しているものではなく、相互に関連しながら総合的に捉えるべきものであると考えられている。領域に関しての詳細は本書の第2章に示すとおりであるが、幼児期における教育の本当の意味を十分理解しておく必要があるだろう。

　2018年保育所保育指針では、保育内容を、「乳児」「1歳〜3歳未満」「3歳以上」の3つの年齢区分に分けて示している。乳児に関しては、ま

だ発達が未分化であることから5領域とせず、3つの領域とし、1歳以上からは5領域で保育のねらいと内容が示されている。さらに、3歳以上については3法令とも同一のものとなっている。

4 養護と教育の一体化とは

前述のとおり、保育所保育指針の総則において「養護と教育を一体的に行う」と示されているのであるが、果たして一体的とはどのようなことなのであろうか。子どもの生活を考えると、どこからが遊びでどこからが遊び以外の生活なのか区別することはできない。というのも、子どもの生活そのものが遊びということができるからである。そして、子どもは遊びを通して心身の発達を促進したり、生活上のさまざまな技術を身につけたり、社会性を身につけたりしていくのである。同様に、生命の保持と情緒の安定を指す養護と、5領域を指す教育を、子どもの活動の中で区別することは不可能であろう。どちらか一方を目的として保育することは無理なのである。子どもの生活には、養護と教育の区別などないのであるから、保育を養護と教育に区別することができないのは当然と言える。例えばオムツを取り替えることは、養護的な側面だけでなく、排泄の習慣の自立に関わる教育的側面も備えているということが理解できるだろう。

幼稚園教育要領には、養護という言葉は示されていない。保育時間が短く学校として区分されているので、教育的側面のみが捉えられがちである。しかし、保育所と同様に幼児期の子どもが生活する施設である以上、子どもの命は守られるべきであり、情緒の安定が図られなければ、幼稚園の目的を果たすことはできないであろう。ゆえに、「養護と教育の一体化」とは保育所にのみ必要なことではなく、幼稚園においてもまた、同じように捉えるべきことであると理解するほうがよい。

幼稚園であろうと保育所であろうと、保育者は子どもが安心して生活し、さまざまな経験を主体的に重ねていけるように、一人ひとりの子ど

もを尊重し、その命を守り、情緒の安定を図ることを常に心がけていなければならないのである。そして、子どもが自ら意欲的に関わるように配慮された環境の中で展開される保育は、おのずと養護と教育が一体的に展開されている保育ということになるのではないだろうか。

第5節 多様化する保育施設

1 幼保連携型認定こども園

2006年より、幼稚園と保育所の機能を併せ持つ認定こども園制度が開始された。認定こども園は、入園の条件はなく、希望すれば誰でも入園できる施設である。認定こども園の増加は社会的に期待されたが、その認可などが複雑であることなどから、その数は予想ほど増えなかった。そこで2015年4月に施行された「子ども・子育て支援新制度」においてはこれまでの認定こども園の課題を解消するため、認定こども園法一部改正法により、認定こども園の類型の一つである幼保連携型認定こども園を学校および児童福祉施設としての法的位置づけを持つ単一の施設に改め、認可・指導監督を一本化することとしたのである。その設置主体としては、国、自治体、学校法人、社会福祉法人のみが認められており、保育所のように株式会社などの参入は認められていない。2014年12月には幼保連携型認定こども園教育・保育要領が内閣府・文部科学省・厚生労働省の3省共同で告示され、幼保連携型認定こども園での保育の基準を示している。認定こども園については、幼保連携型以外にも、これまでどおり幼稚園型、保育所型、地方裁量型が認められているが、その保育内容に関しては、この幼保連携型認定こども園教育・保育要領を基準とするように求められている。

2　地域型保育事業

　2015年4月実施の「子ども・子育て支援新制度」により待機児童解消の目的で創設された、地域型保育給付を受けて行う小規模保育事業には、小規模保育、家庭的保育、居宅訪問型保育、事業所内保育があり、事業者の認可は市町村が行うことになっている。小規模保育の利用定員は6人以上19人以下、家庭的保育の利用定員は5人以下、居宅訪問型保育の利用定員は決まっていないが、保育者1人に対し子ども1人と規定されている。事業所内保育所の基準は、定員が19名以下と20名以上によって違い、20名以上の場合は保育所基準と同様になり、19名以下の場合は小規模保育の基準と同様にしなければならない。定員20名以上の事業所内保育所を除き、対象児は0～2歳児とされている。これらの保育施設は、地域の現状に合わせて設置できるため、特に2歳以下の待機児童の多い都市部では、その解消に役立つことが期待されている。ただし、その保育に当たる保育士に関しての基準などが、認可保育所や認定こども園より緩やかであることから、保育の質の確保について不安が残る部分があると言える。

【引用・参考文献】

　厚生省『平成11年改訂　保育所保育指針』フレーベル館、1999年

　厚生労働省『保育所保育指針＜平成29年告示＞』フレーベル館、2017年

　内閣府・文部科学省・厚生労働省『幼保連携型認定こども園教育・保育要
　　　領＜平成29年告示＞』フレーベル館、2017年

　保育士養成講座編纂委員会編『保育原理』全国社会福祉協議会、2002年

　文部科学省『幼稚園教育要領＜平成29年告示＞』フレーベル館、2017年

（髙橋弥生）

第6章　発達過程に応じた保育

第1節　子どもの発達とは何か？

1　子どもの発達とは何か？

　新生児期、赤ん坊は寝返りを打つことさえできないし、言葉の意味も分からない。しかし、赤ん坊はそこから寝返りを打ち、匍匐(はふく)し、立ち、歩き、走るようになる。喃語を発し、自分の名前に振り向き、しゃべり始める。

　生まれる前から、音を聞き、触れ、生まれた時から世界を見る。環境への興味・関心、働きかける意欲と関わる力を持って、人は生まれてくる。そして、環境と関わる中で、さらに意欲と感じる心、心身の能力を育てる。これが発達である。

2　子どもの発達の特性

　人は生まれながらに人的・物的環境への興味・関心を持ち、自ら関わろうとする。子どもは、それが何であるかは知らなくても、自分が学ぶべき情報が豊富に存在する対象に目を向け、耳を傾け、手を伸ばす。まだできないことに自ら挑むことにより、心も体も発達するのである。

　特に、人は人に興味・関心を持つ。新生児でも人に対して表情を和らげる。まだ複雑な感情は理解できないが、人の表情を模倣し、笑顔を見せる（表情の共鳴）。このことが、乳児に関わる者に乳児への興味・関心や愛情を呼び起こし、乳児への働きかけを増やす。乳児は、環境からの

関わりを受け身で待つのではなく、自ら関わり、環境からの働きかけを引き出す力を持つ。その働きかけが発達を促し、乳児が生まれながらに持つ環境への興味・関心を損なわずに育てることがさらなる発達を導く。

新生児はまだ、特定の人と関係を持ってはいない。関わることにより、子どもと周囲の人々との関係がつくられる。子どもの周囲の大人が、愛情を持って子どもを守り、その存在と成長を信じるとき、子どもの情緒は安定し、その大人を信頼し、そこから得た安心の下にさらに広い世界に関わり、対人関係も広がっていく。

大人との関係が基盤になり、子どもどうしの関係が持たれる。子どもどうしの間では、大人と子どもの間とは異なる活動と経験が得られる。

乳幼児期は、さまざまな身体能力と感性とを発達させる時期であるので、身体感覚を伴う多様な実体験を経ることが必要である。乳幼児期に得たさまざまな経験と能力とが、その後の発達の基盤となる。

第2節　子どもの発達過程

1　おおむね6カ月未満

(1) おおむね3カ月未満

身体の発達は未熟で、全身移動などはできない。手足はバタバタとよく動くが、そのコントロールは十分ではない。ぎこちなさはあるものの、顔の部位を動かし表情をつくるが、不快を示す泣き以外は、情動と明確に結び付いていない。人に対して表情を和らげたり、見せられた笑顔の模倣を行ったりする（表情の共鳴）が、意図したものではなく、情動から生じたものではない。しかし、これらの表情の共鳴や新生児微笑によって、新生児は周囲の大人からの働きかけを自ら引き出す。泣きによって不快を訴えることも、コミュニケーションの一つである。これら

の相互作用が、その後の発達をつくる。

聴覚は出生前から鋭敏であり、母胎の中で母親の声や言語音の特徴を記憶するなど、聞き覚えのある声や言語を好んで聞く。

(2) おおむね3カ月から6カ月未満

首が座り、寝返りができるようになる。それにより、全身の移動が可能になる。腹ばいの姿勢で頭を持ち上げたり、胸でそれより上の体を支えたりする姿勢などもとれるようになる。視覚の発達も進む。

人を好む傾向はより意図的なものとなり、あやされたりなど他者からの働きかけにほほえむ「社会的微笑」を見せるようになる。これまでの相互作用から学び、表情は情動と結び付いたものとなる。

まだ母親など特定の人物へのこだわりは弱いが、生後2～3カ月頃には、頻繁に接する人物の顔を見覚え、視線を向けたり笑顔を向けたり、新生児模倣をしたりすることが増える［池上、1999］。このことにより「いつもいっしょにいる人」との関係がさらに深まっていく。これが6カ月以降の愛着関係につながる。

2　おおむね6カ月から1歳3カ月

座る、はう、立つ、伝い歩くことを始める。腕や手を意図したように動かすことも上手になる。探索行動がより活発になる。

盛んに喃語を発する。自分の名前や簡単な単語の意味を理解し始め、話しかけられたことに反応を見せる。9カ月ぐらいになると、指さしなどの身ぶりで、自分の注意の対象や欲求を示すことができるようになる。

おおむね6カ月頃から離乳食を食べられるようになり、1歳過ぎ頃に向けてだんだんと幼児食に移行する。

この時期、なによりも注目すべきは、愛着関係の形成である。これまで乳児のコミュニケーション欲求によく応えてきた特定の養育者や保育者を、愛着の対象として信頼するようになる。愛着の成立は、その対象と離れたときに不安を示すことで確認できる（分離不安）。愛着の対象は、

乳幼児が新奇な環境で探索行動をするための安全基地、帰って安心できる場所になる。この時期の愛着を基盤に、子どもは対人関係を広げていく。また、愛着の対象以外からの関わりに不安を示す人見知りもよく見られる。

3　おおむね1歳3カ月から2歳

歩き始めることにより、行動範囲はさらに広がる。手先の細かな動きも発達し、押したり、つまんだり、めくったりなどの動作が可能になる。

他者の持つ物に興味を持ち、手を出したりする。1歳前頃から認知の発達により、自分を含む三項関係を意識できるようになるので、物を挟んで他者とやり取りすることを楽しむ（**図表1**）。

図表1　9カ月以前と以後の乳児のモノ・人との関わり

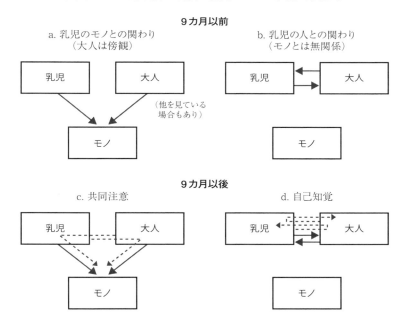

（注）実線は実際の知覚、点線は他者の視点のシミュレーションを示す。
出典：[Tomasello, 1993]

図表2　意味の三角形 （オグデン＆リチャーズ、1972）

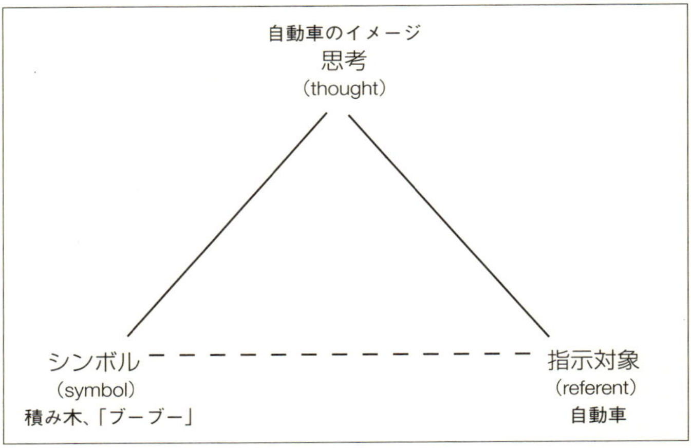

```
                自動車のイメージ
                    思考
                  (thought)


    シンボル ー ー ー ー ー ー ー ー 指示対象
    (symbol)                    (referent)
積み木、「ブーブー」                  自動車
```

出典：[関口・太田、2009] p105 を基に作成

　思考を介して、指示対象を言葉などシンボルで表す象徴機能が成立するので、話しかけられた言葉の理解も進み、子どもから有意味語も出始める（**図表2**）。コミュニケーションの欲求も高まり、語彙や文法を獲得し、この時期、二語文程度まで話すようにもなる。

　この象徴機能により、おもちゃを実物に見立てる見立て遊びなども行われる。

4　おおむね2歳

　走ったり、跳びはねたりなど大きく激しい動きが可能になる。また、指先の細かな動きも一段と発達する。基本的な生活習慣を自立させるための能力が備わってくる。自立するためには自分で実際に行う機会と経験が必要である。これらの経験が自我の発達にもつながる。0歳台から芽生え、発達してきた自我がこの時期非常に強く表され、自己主張が激しくなる。「やりたいこと」と「できること」の差が最大となる時期であり、そのため欲求不満を感じる機会も多く、大人たちに反抗的な態度を示す様子もよく見られ、養育や保育の難しい時期と言われる［Bullock

図表3　パーテンによる遊びの型－関係に基づく分類

形	内容
ぼんやりしている	遊んではいないが興味のあることを見る。また興味のあるものがなければ、自分の身体を触ったり、いすに座ったり、いすから降りたり、周囲を回ったりする。
傍観	ほとんどの時間、近くで遊んでいる子どもを見ていて、ときどきその子どもに質問をするが遊びには入らない。特定の子どもの遊びに注意を向けている点で、「何もしていない行動」とは区別される。
一人遊び	一人で近くのおもちゃを使用し遊ぶ。自分の遊びに熱中し、近くにいる子どもといっしょに何かをしようとしない。
平行遊び	周りの子どもが使っている遊具で遊びが自分の思ったとおりに使用し、その子どもと活動を共有しようとはしない。そばで遊んでいるのがどのような子どもでも気にしない。
連合遊び	他の子どもといっしょに遊ぶ。集団内の興味や関心によって活動が行われ、全員でいっしょに遊びが展開される。他の子どもと活動に関する会話をするが、役割分担などは見られない。
協同遊び	最も高度な組織化された遊びであり、協力して何かを作るといった遊びや、役割・目標を持った遊びが展開される。

出典：[山本、2012] を基に作成

& Lutkenhous,1988]。これら自己主張などが、更なる自我の発達に必要な経験となる。

象徴機能もさらに発達し、発声も明瞭になることから、言語でのコミュニケーションが円滑になる。生活や物語、映像の模倣も盛んになり、それらを取り入れたごっこ遊びを楽しみ始める。

5　おおむね3歳

基本的な生活習慣は自立する。知的好奇心が高まり、「なぜ」「どうして」などの質問が盛んに行われる時期である。意図や目的を持って行動したり、先のことを期待や予想して行動したりすることができるようになる。

大人の介在がなくとも、自発的に友達に興味を持ち、関わりを持つようになる。同じことをしながら具体的なやり取りのない平行遊びも多いが、言葉や物のやり取りのある連合遊びも見られる（**図表3**）。

生活の観察で得られた知識や象徴機能を含む発達した認知能力により、

遊びを自ら発展させられるようになる。
　簡単なルールを理解して、生活や遊びの中で用いるようにもなる。

6　おおむね4歳から6歳

　心身とも著しく成長する。全身を使った活動的な遊びが好まれるようになる。体のバランスをとったり、細かな動きをコントロールしたりすることも上手になる。

　さまざまな認知能力が高まる。目的や見通しを持って行動する力も3歳からさらに発達する。4歳頃には想像力の発達により、恐れの対象を想像してしまったり、うまくいかない結果を予測してしまったりして、より幼い頃よりも不安になったり、おびえたりする様子も見られる。目的に向かって行動しようという動機と、結果への不安の間で葛藤を経験することもある。

　社会性も発達し、仲間で行動することが増える。その中で、仲間と衝突し、ケンカも多々生じる。そこから、更なる社会性の発達が生じる。

　4歳から5歳にかけて、他者の気持ちを推測したり、自分の気持ちを抑制したりする能力が発達する。5歳には人を批判したり、相手の意見を聞き入れたりする力もつき、ケンカを自分たちで解決しようとする。

　4歳にはルールの大切さを理解し、5歳以降、遊びの中などで自分たちでルールを作り出し、用いることもする。

　5歳から6歳にかけて、仲間どうしでイメージを共有し、役割を分担して、協同遊びを行うことも可能になる。責任を果たし、人の役に立つことにも喜びを感じ、自立心は一段と強まる。

　思考力や理解力を獲得することにより、自然や社会環境などへの興味・関心が広がる。5歳、6歳と文字や数への興味も深まる。

第3節 子どもの発達と保育

1 子どもの発達と保育

　子どもは自ら環境と相互作用し、発達する力を持っている。保育とは、子ども自ら発達する力を信じ、子どもの主体性を認め、子どもと環境の相互作用を見守り、子どもだけではまだ達成できない「発達の最近接領域」に子どもが到達するために援助することである。「発達の最近接領域」とは、子ども一人ではできないが、大人や、自分より発達した仲間の助けがあれば達成できる水準である。他者の助けを得て達成できたことが、自分一人で達成できるようになる。これが発達である。

　しかし、発達は子ども以外の他者がつくり出すものではなく、養育者や保育者といった子どもの周囲の人物が行うのは、子どもが発達することを助けることである。

　また、保育者自身という人的環境も含め、子どもたちが出会うべき、発達に必要な環境を設定することも保育である。

2 発達の個人差に応じた保育

　発達は全ての子どもにおいて決して均一ではない。一人ひとりの子どもは異なる。一人として同じ子どもはいない。そして、発達のスピードや現れ方も異なる。発達は子ども一人ひとりのものとして捉える必要がある。そして、一人ひとりの発達状態を理解し、その子どもの発達を信じ、それに合った環境設定と見守りと援助とを行うのが保育である。

　子どもの数だけ発達の姿があり、保育もあるのである。

【引用・参考文献】

池上貴美子「模倣することの意味」正高信男編『赤ちゃんの認識世界』ミネルヴァ書房、1999年、pp.75-114

ヴィゴツキー（柴田義松訳）『思考と言語』明治図書、1962年

内田伸子編著『よくわかる乳幼児心理学』ミネルヴァ書房、2008年

岡本夏木・麻生武編著『年齢の心理学──0歳から6歳まで』ミネルヴァ書房、2000年

関口はつ江・太田光洋編著『実践としての保育学』同文書院、2009年

山本有紀「遊びと仲間関係」谷口明子・西方毅編著『保育の心理学Ⅰ』一藝社、2012年、pp.103-114

Bullock, M. & Lutkenhous "The Development of volitional behavior in toddler years" *Child Development*, 59, 1988, pp.664-674

Tomasello, M. "On the interpersonal origins of self-concept" Neiser, U. (ed.) *The persieved self*, Cambridge University Press, 1933, pp.174-184

（髙木友子）

第7章　環境を通して行う保育

第1節　保育環境

1　子どもを取り巻く環境の変化

　昔、自然環境は動植物同様に人類も育て、人々は自然の一部であった。やがて、人々は気候や風土に順応しながら知恵と創造力で社会環境を築いた。そして、時代や風土、民族、言語、家族、情報、道具など、あらゆる人的環境や物的環境の影響を受けながら、自らをつくってきた。

　そして現代、わが国の環境は、1965年頃からの高度経済成長期の影響により、大きく変化した。都市化が進み自然環境は開発され、自然環境は激減した。子どもも身体能力の低下だけでなく、映像や図鑑の知識ばかりで実体験が少ない状況となり、海で泳ぐ魚を切り身で描いたり、動かなくなったカブトムシの電池を交換してほしいという姿もある。

　少子化や人口減少も深刻化し、地域社会における人と人とのつながりも希薄化した。核家族が増加し、隣近所とのつきあいや助け合いが期待できず、孤立した親と子を数多く生み出し、地域ぐるみの子育てが難しい時代となった。親が親として育たなくなっているとの指摘もあり、子どもの声が騒音と言われるために園庭を壁で囲う園まで現れている。

　また、祖父母ら高齢者との触れ合いや共に生活する場も奪われており、祖父母が築いた生活の知恵や経験が次世代に受け継がれず、高齢者が持つ人間としての豊かさへの敬愛の念を抱くことも難しくなっている。

　さまざまな物にあふれ、一見豊かに見える現代ではある。しかし、絵

本の上で指をスライドし、本とタブレットPCとの区別がついていない子どもの姿も報告されており、乳幼児期に重要である具体物に触れる経験がしがたい環境となっている。果たして現代の環境は、子どもを育てるに足る環境となっているだろうか。自然豊かな環境や、地域ぐるみで子育てする社会環境、生活や遊びのモデルとなる保育者や仲間などの人的環境、教育的価値を備えた物的環境は十分に存在しているのだろうか。

2　さまざまな保育環境

「環境」の意味は、『広辞苑』では「①めぐり囲む区域。②四囲(「周囲。まわり」──引用者注)の外界。周囲の事物。特に、人間または生物をとりまき、それと相互作用を及ぼし合うものとして見た外界。自然的環境と社会的環境がある」と記されている。保育は子どもを中心として営まれているため、「保育環境」は、子どもを取り囲むもの全てと考える。

保育環境は、「自然環境」と「社会環境」に分けることができる。そして、社会環境はさらに、「人的環境」と「物的環境」に分けることができる。本章では、保育環境を自然環境と人的環境、物的環境の3つ(**図表1**参照)に大別する(なお、保育環境の捉え方には諸説ある)。

3　自然環境

自然環境とは、宇宙や自然の法則の環境のことをいい、人間には操作できないものである。「明日は遠足だから晴れにしよう」や「このさな

図表1　保育環境の分解図

(筆者作成)

ぎは明日の10時に羽化してもらおう」などと決めることは不可能である。自然の摂理に反することができないことを知る環境なのである。四季を通じて観察できる山、川、草花、樹木、動物、光、風、水、土、太陽、月などが含まれ、人為的な社会環境とは対比的に用いられる。

なお、飼育や栽培は自然環境と社会環境の両面を持っている。花の苗を育てようと大人が考えて園庭に持ち込み、花壇を作ったり、水をやったりすることは人為的であるため、社会環境である。一方、その苗が花を咲かせるか否かは自然の法則に従うため、自然環境の面も持つ。

(1) 環境教育

自然環境との関わりは、環境教育の側面を持つ。これは、自然環境への理解を深め、人間中心の価値観から生態系を視野に入れた価値観への転換を意図した教育である。五感を通して情報を得るという乳幼児期の特性を生かして、動物や植物、鉱物、事象等に直接関わる取り組みが求められる。そして、指導する保育者には、環境に対する好き嫌いをなくすことが求められる。好き嫌いなく食べる姿だけではなく、動物や泥などに対しても好き嫌いなく関わる姿を、子どもに見せなくてはならない。大人の姿は子どもにとって重要な情報であり、大人が嫌うものは子どもも嫌うようになるからである。どうしても好きになれない場合は、その対象を好きな大人に任せることも考えてみてはどうだろうか。優先すべきは、さまざまな環境に触れるという、子どもの最善の利益である。

(2) ESD

ESDとはEducation for Sustainable Developmentの略で「持続可能な開発のための教育」と訳される。ここでは、生態系の持続について考える。次の旭山動物園の小菅園長の話は、とても参考になる。1905年を最後に生存が確認されていないニホンオオカミの話である［小菅、2008］。

小菅園長によれば、オオカミたちは人間によって絶滅させられた。農作物を荒らすため駆除されたのである。物語では悪者扱いされるが本来は家族思いの動物で、人間はそれを利用して、わなにかかったオオカミ

をあえて撃たずに食料を運んできた仲間をあやめ、絶滅に追いやった。しかしオオカミが絶滅したことで、彼らによって抑制されていたシカが増えてしまった。そして、シカの餌である木々は皮が食べられ、枯れ果ててしまったのである。そのオオカミが残っていれば、シカは増えすぎず、木々も枯れることはなかった。初めは小さな綻びだったものが大きくなるおそれがある。生態系に大きな影響を及ぼすことは、いずれ自分たち人間にも悪い影響を及ぼす。全ての動植物に対して好き嫌いなく、大切にできる子どもを育てなくてはならない、というのである。

4 人的環境

　人的環境とは、人そのものと、発言や動作をいい、人が自然に手を加えてつくり出してきた文化・文明なども含まれる。暦や時間も人が定めたものであるため、ここに含む。テレビ番組やネット動画の中の人も、直接的な関わりはないが、さまざまな情報を発信する人的環境である。

　保育者や子どもの存在はもちろん、「きれいだね」や「もったいない」などの発言やコミュニケーションも人的環境である。物的環境の道具を扱う姿も人的環境である。丁寧に扱えば、子どもはその物を丁寧に扱う。人は人を見て育つため、人的環境はとても重要である。

(1) センス・オブ・ワンダー

　「センス・オブ・ワンダー」とは「神秘さや不思議さに目をみはる感性」である。作家で海洋生物学者であるカーソン（Carson, Rachel Louise 1907～1964）が著した『センス・オブ・ワンダー』に出てくる有名な言葉であり、子どもが生まれながら持っている感性である。この感性を失わないためには、この感性に「共感」する存在が最低でも一人必要であるという。これこそ保育者に求められるものである。子どもが水のきらめきやアリの行列に感動しているとき、その気持ちをくみ取って共感することが求められる。また、雨の日に外遊びをしたり、夜の散歩を行ったりすることも、この感性を育むには良い活動だということが分かる。人的環

境でもある保育者は、この感性をいつまでも持ち続けたい。

(2) 森のようちえん

「森のようちえん」の明確な定義はいまだされていないが、保育を森の中で行うことを主とした活動の総称である。北欧発祥の活動であり、日本も含め、全世界に広まっている。倉橋惣三（1882〜1955）の「森の幼稚園」や橋詰良一（1871〜1934）の「家なき幼稚園」にも通ずる。自然環境の中での保育であるため、おのずと五感を通して自然と関わることができる。もう一つの特長は、保育者のあり方である。保育者は、子どもを信じ切って見守る立場にある。子どもが主体的に環境に関わる姿を見守り、最低限の援助をする役割を貫く。自然環境だけでなく、人的環境のあり方も参考になる活動である。

5 物的環境

物的環境とは、保育環境を考えるときに最も重要となる環境である。それは、保育者の願いで可能な限り配慮できるためである。子どもに関わってほしいと思うものは持ち込むことができ、そうでないものは取り除くことができる。なお、自然界から持ってきた石やドングリなどの自然物は、物的環境として扱う。樹木から作られた机やいすも、物的環境である。安全・衛生といった養護面はもちろん、教育面も見定めなくてはならず、保育環境に置く価値を問い続けなくてはならない。

(1) 遊具と玩具（おもちゃ）

園生活で多くの時間を占めるものは遊びであり、それを支える物的環境の主たるものが遊具である。遊びとは、主体的に環境に関わる行為をいい、遊具とは、遊びに使う道具全般を指す。よって、ボールや積み木、トランプだけではなく、はさみやクレヨン、カスタネットも含む。一方、狭義的には園庭の固定遊具を指すため、注意したい。遊具のうち、手で持って遊ぶ物が「もちあそび」を語源とする「おもちゃ」である。昔は弄物や玩器などの字が当てられたが、今は「玩具」に落ち着いている。

玩具とは手に持って遊ぶものであるから、お手玉や縫いぐるみ、ままごと道具、新聞紙や空き箱などの人工物に加え、木の実や枝、石などの自然物も含む。

(2) 良い玩具

何をもって良い玩具というのであろうか。子どもが小さい頃は、特に材質や色素への安全・衛生といった養護面への配慮が必要である。選ぶときは、STマーク（**図表2**）などの安全マークが付いていることが目安となる。

そして「第二の脳」といわれる手によって、子どもは多くの情報を外界から読み取る。だからこそ、手で直接関わる玩具は、教育面もよく精査しなくてはならない。子どもの発達段階や興味・関心がどこに向いて

図表2　STマーク

日本玩具協会

図表4　第三恩物

出典：フレーベル館オンラインショップ「つばめのおうち」

図表3　良い縫いぐるみ

出典：[永田、2000] を基に作成

図表5　良い積み木

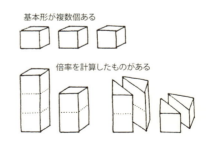

出典：[永田、2000] を基に作成

いるのか、季節等も鑑みながら吟味する必要がある。

　例えば、縫いぐるみについては、①安全マークや洗濯表示が付いている、②目玉等はしっかりと取り付けられている、③しっかりと縫われている、④口に持って行くことがあるので毛羽が抜けない、といった安全・衛生面への配慮が求められる（**図表3**）。また、子どもの気持ちを映す玩具でもあるため、見方によって表情が変化して見えるように作られているものを選ぶ必要がある。

　次に、積み木を取り上げる。これは、幼稚園を創設したフレーベル（Fröbel, Friedrich Wilhelm August 1782～1852）が考案した「恩物」（**図表4**）に由来する。恩物の積み木は、「数理的法則」を持たせて全体が作られている。立方体の一辺の基本の長さ（基尺）が3cmとなっており、並べたり積んだりしながら、全体と一部、一つと半分、2倍、3倍を自然に覚える（**図表5**）。異なる種類の積み木を合わせて遊ぶ場合には、この「基尺」の統一をしなくてはならない。

　子どもが関わる物的環境は、ベストセラーよりロングセラーのもの、流行のものより歴史あるものを選ばなくてはならない。そして、感覚遊び、運動遊び、虚構遊び、受容遊び、構成遊び、ルールのある遊びといった遊びのバランスがとれるようにそろえなくてはならない。

第2節　環境を通して行う保育と環境構成

　保育は、子どもを主役に考えなくてならない。環境に対して子どもがどのように関わるかは、保育者ではなく子どもに決定権がなくてはならず、特定の知識や技術を刷り込むような活動は避けなくてはならない。「幼稚園教育要領」「保育所保育指針」「幼保連携型認定こども教育・保育要領」にも、保育は、乳幼児期の特性および保護者や地域の実態を踏まえ、環境を通して行うことを基本とする旨が明示されている。

1 環境を通して行う教育

　環境を通して行う保育というのは、保育者が知識などを一方的に押し付けるのではなく、幼児教育の父と称される倉橋惣三（1882〜1995）も言うように、「さながらの生活」の中で子ども自身が環境からさまざまなことを学び取る営みでなくてはならない。保育は、養護と教育に分けられる。保育環境を構成する際、そこにどのような「教育」的価値があるのかを考えなくてはならない。では、その「教育」とは何か。文字どおり「教」と「育」の2つの立場を考えると、整理しやすい。

(1) 教える教育

　知識・技能の伝達であり、良い習慣を形成することであり、教育の本質を正しく見つめた教育観である。イギリスの哲学者ロック（Locke, John 1632〜1704）は、「子どもはただの白紙にすぎない。教育で留意されなければならぬ重要なことは、どんな習慣をつけるかということである」と言っている。手洗いの励行や歯ブラシの使い方、信号の渡り方等、さまざまな生活習慣は教えられなければ分からないことである。

(2) 育てる教育

　植物の成長を助ける行為と考えると分かりやすい。「子どもの発見者」であるルソー（Rousseau, Jean-Jacques 1712〜1778）が言うように、注入よりは自発性を大切にし、言語よりは経験や直観を重んじる教育観である。大人が外から子どもを「善く」しようとして早くから干渉するのは、不必要であるばかりか、かえって有害であるとルソーは主張している。12歳までの教育は、知識の詰め込みではなく、子どもにとって危険なものを取り除き、知識への興味を引き起こすことを目的としなくてはならない。

　幼稚園の創設者であるフレーベルも、『人間の教育』（1826年）の中で、子どもの本質を神的なもの（永遠の創造性）として捉え、その無傷の展開を保護し助成しなければならないと主張した。子どもを植物、教育を栽

培にたとえる植物比論（plant analogy）の考え方を髄所に示し、人間を「もっとも高貴な植物」と述べている。

イタリア初の女性医学博士であり「子どもの家」の創始者のモンテッソーリ（Montessori, Maria 1870〜1952）も、子どもの中の自発性を大切にしている。どんな子どもでも発達する力を内部に持っているという考えに基づき、教育者は、子どもの環境を整え、子どもをよく観察し、子どもの自由な自己活動を尊重し援助することが大切であるとしている。

近年、保育界で注目されている、イタリアのレッジョ・エミリア保育の創設者の一人マラグッツィ（Malaguzzi, Loris 1920〜1994）も同様に子どもの内からの成長の重要性を唱えている。彼の詩、「子どもたちの100の言葉」（"The hundred language of children"）からもその思いが伝わってくる。子どもは100の考えや表現という「言葉」を持っているが、学校や文化がそのうちの99を奪っているという内容である。

育てる教育とそこに求められる環境とは何か、問い続けたい。

2　環境構成

環境構成とは「保育の環境」を整えることであり、子どもの活動を望ましい方向へ導き、幼児の発達に合わせて身につけさせたい具体的なねらいや経験する内容を含む状況をつくり出すことである。

環境を構成する際、保育者は、子どもがその環境と関わることで何を学ぶのかを見通す必要がある（その際のガイドとなるものが5領域〔健康、人間関係、環境、言葉、表現〕である。詳しくは「幼稚園教育要領」「保育所保育指針」「幼保連携型認定こども教育・保育要領」を参照してほしい）。

「第二の脳」である手や「第二の心臓」である足を存分に使わせたい、仲間どうしで協力する力を育てたい、乾燥した砂と水を含んだ砂ではその特性が変わることを知らせたい、といった「保育者の願い」があって、保育環境は構成される。しかし、環境を構成する際には「子どもの主体性」も重要である。子どもが自由に遊んでいると感じるのは、どのよう

なときだろうか。クラス全員で絵を描いていた子どもが、その活動が終わった後、「先生、もう遊んでいい？」と尋ねることがある。これは、遊んでいたのだろうか。レストランのメニューが一つしかなかったら自由さを感じられないように、保育の場面でも、一人ひとりの自由を認める選択肢のある環境を構成したい。

(1) 環境構成の視点

環境構成をする際にはさまざまな視点が求められる。その一つとして「3つの間」がある。それは、幼児の主体的な活動としての遊びに一心不乱に取り組める「時間」、さまざまな自然環境や物的環境のある「空間」、お互いに刺激し合う人的環境の「仲間」である。これらを保障した環境を構成したい。他にも、「動と静」「個と集団」「片づけと継続」「乾と湿」「男性脳と女性脳」など一概にステレオタイプで考えることはできないが、さまざまな視点を持って環境を構成することが求められる。

(2) 保育環境評価スケール (ECERS=Early Childhood Environment Rating Scale)

アメリカのハームス（Harms, Thelma）らが考案した、保育環境のスケール（尺度）である。単純なよしあしではなく、7段階の評価基準があることが特長である。例えば、積み木の「活動センター（コーナー）」については、7（とても良い）は、「毎日遊べるような積み木とその付属品（おもちゃの人形や動物、車、道路標識など）が少なくとも2種類ある」「積み木・付属品が自分で出し入れのできるラベルつきの棚に置いてある（例：積み木の写真か略図の付いたラベル）」「戸外でも積み木で遊べる」と並ぶ。1（不適切）は、「子どもが遊べる積み木がほとんどない」と記されている。

アメリカで誕生したスケールのため、日本の保育環境にそのまま当てはめることは難しいかもしれないが、カナダやヨーロッパといった諸外国でも受け入れられているように、わが国においても環境構成の心強い手がかりとなる。また、本スケールと類似の評価枠組みで作られたシラージ（Siraj, Iram）らのSSTEWスケールも参考にしたい。

【引用・参考文献】

岩城敏之『子どもの遊びをたかめる大人のかかわり――一斉保育と環境設定保育は矛盾しない』三学出版、2006年

永田桂子『〔増補〕よい「おもちゃ」とはどんなもの』高文堂出版社、2000年

ハームス，T.ほか（埋橋玲子訳）『保育環境評価スケール①幼児版』法律文化社、2004年

原口純子『保育環境論――幼児の生活の視点から』フレーベル館、1998年

古橋和夫編著『〔改訂〕教職入門――未来の教師に向けて』萌文書林、2009年

（千田隆弘）

第8章 保育者に求められる専門性

第1節 保育者の専門性とは何か

　保育者の専門性については、保育所保育指針では「保育者は常に研修などを通して自ら人間性と専門性の向上に努める必要がある」と書かれており、保育に関する専門知識と技術、専門職としての倫理（人間性）が必要であることが述べられている。それでは、保育者としての専門性や人間性とは具体的にどのようなものなのだろうか、どのような資質が求められているのか考えてみたい。

　保育者は、それぞれの子どもの個性や発達段階、他の子どもたちとの関わり方や遊びの様子などさまざまな子どもへの関わり方への対応を選択し、実践していくことが求められる。同時に、適切な判断と実践力が必要になる。この力こそが保育者の専門性と言える。

　また保育者は、その子どもの現在の姿を捉えたうえで「このように育ってほしい」という願いを持って保育実践を行っている。保育者のこの「育ちへの願い」が一人ひとりの子どもへの適切な判断につながり、同時にその願いを保育実践に反映していくことが保育者に求められていると言えるのである。

　また保育者には、子どもへの保育実践のみならず、「親支援」としての「子育て支援」がその専門性に含まれている。具体的には、例えば保育士を例にすると、2001年に改正された児童福祉法の第18条の4には以下のように定められている。

> 保育士とは、第18条の18第１項の登録を受け、保育士の名称を用いて、専門的知識及び技術をもって、児童の保育及び児童の保護者に対する保育に関する指導を行うことを業とする者をいう。

　すなわち、保育士は子どもへの保育実践だけでなく、保護者に対する保育指導（子育て家庭支援）も義務づけられている。

　近年では虐待問題や子育て問題がますます深刻化している状況において、保育士には保育だけでなく、地域の子育て家庭への支援がその専門性の中に求められているのである。つまり子どもへの関わりをきめ細かく行うとともに、家庭との連携を深めて、子どもの育ちや保護者を支える支援を行うということである。

　また前述した2001年の児童福祉法の改正では、保育士登録が義務化されたことにより、保育士資格を持たない者がその名称を使用することを禁じている（名称独占資格）。他にも、保育士資格の法制化に伴い「信用失墜行為の禁止」（児童福祉法第18条の21）や「秘密保持の義務化」（同法第18条の22）が規定され、明確化された。

　また、保育士資格の法定化に伴い、全国保育協会・全国保育士会は2003年に「全国保育士会倫理綱領」を定めた（**図表１**）。この倫理綱領は保育士に対して保育に求められる役割を示し、保育士としての基本姿勢を表しており、その職務を行ううえで高い倫理性が常に求められている。

　また、これは保育士のみに限定せず、「保育に関わる全ての保育者」に対して同様の理解が図れるような内容となっている。保育士（保育者）はこの倫理綱領を行動規範として、常に念頭に置きながら子どもへの保育、保護者への相談支援を行っていくことが求められている。

　保育士（保育者）の専門性は、倫理に裏付けられてこそ実効性を持ち、社会的信頼と専門職としての水準を維持・向上していくためにも倫理綱領は遵守されなければならない。

　倫理綱領では、保育士（保育者）の仕事を「子どもが現在（いま）を幸

図表1　全国保育士会倫理綱領

　すべての子どもは、豊かな愛情のなかで心身ともに健やかに育てられ、自ら伸びていく無限の可能性を持っています。
　私たちは、子どもが現在（いま）を幸せに生活し、未来（あす）を生きる力を育てる保育の仕事に誇りと責任をもって、自らの人間性と専門性の向上に努め、一人ひとりの子どもを心から尊重し、次のことを行います。

　　私たちは、子どもの育ちを支えます。
　　私たちは、保護者の子育てを支えます。
　　私たちは、子どもと子育てにやさしい社会をつくります。

（子どもの最善の利益の尊重）
1．私たちは、一人ひとりの子どもの最善の利益を第一に考え、保育を通してその福祉を積極的に増進するよう努めます。

（子どもの発達保障）
2．私たちは、養護と教育が一体となった保育を通して、一人ひとりの子どもが心身ともに健康、安全で情緒の安定した生活ができる環境を用意し、生きる喜びと力を育むことを基本として、その健やかな育ちを支えます。

（保護者との協力）
3．私たちは、子どもと保護者のおかれた状況や意向を受けとめ、保護者とより良い協力関係を築きながら、子どもの育ちや子育てを支えます。

（プライバシーの保護）
4．私たちは、一人ひとりのプライバシーを保護するため、保育を通して知り得た個人の情報や秘密を守ります。

（チームワークと自己評価）
5．私たちは、職場におけるチームワークや、関係する他の専門機関との連携を大切にします。
　また、自らの行う保育について、常に子どもの視点に立って自己評価を行い、保育の質の向上を図ります。

（利用者の代弁）
6．私たちは、日々の保育や子育て支援の活動を通して子どものニーズを受けとめ、子どもの立場に立ってそれを代弁します。
　また、子育てをしているすべての保護者のニーズを受けとめ、それを代弁していくことも重要な役割と考え、行動します。

（地域の子育て支援）
7．私たちは、地域の人々や関係機関とともに子育てを支援し、そのネットワークにより、地域で子どもを育てる環境づくりに努めます。

（専門職としての責務）
8．私たちは、研修や自己研鑽を通して、常に自らの人間性と専門性の向上に努め、専門職としての責務を果たします。

　　　　　　　　　　　　　社会福祉法人全国社会福祉協議会
　　　　　　　　　　　　　全国保育協議会
　　　　　　　　　　　　　全国保育士会

せに生活し、未来（あす）を生きる力を育てる」こととし、同時に保育士（保育者）は根底に「自らの人間性と専門性の向上に努め、一人ひとりのこどもを心から尊重」することが掲げられている。すなわち保育士（保育者）に求められている任務は、次の3点である。

①「子どもの育ちを支える」

保育士（保育者）が専門的知識・技術に基づいて子どもと関わることである。

②「保護者の子育てを支える」

子どもに関する内容だけでなく、保護者自身の子どもに対する理解や子どもを取り巻く生活環境を把握することにより、保護者が抱えている状況を理解することで、保護者への具体的な関わり（援助）を通して保護者を支える「子育て家庭支援」である。

③「子どもと子育てにやさしい社会をつくる」

全ての子ども、子育て家庭が生活しやすいような環境を地域社会に創り出す任務の一端を保育士（保育者）は担っているということである。

子どもが安心・安全に地域の中で育つことができ、子育て中の保護者が子育ての喜びや楽しさを感じることができる環境を創り出すためには、地域のさまざまな社会資源と連携しながら支援を行うことが大切である。

第2節　子どもへの寄り添いと保護者との協働

1　子どもに寄り添う保育者とは

保育者は、子どもが遊びの中で経験していることや学んでいることを正確に見極めることにより、子どもがさらに自分の力を伸ばしていく見通しを持つことができる。

子どもの発達についての見通しを持つことは、子どもの行動について

の仮説を持つことである。子どもの考えや行動には決して正解があるわけでなく、ある原因から導き出される結果は一つではない。また、子どものパーソナリティーやそのときの状況、子どもを取り巻く環境などによって異なり、また子どもの発達は直線的ではないので、一度行動したことが次のときも同じように行動できるとは限らないため、子どもの行動や表面的な変化を把握するだけでは、発達の見通しを持つことはできない。つまり行動の表面に現れることができない子どもの内面で起こっている育ちを捉えることが保育者にとって重要と言える。

　しかし、子どもの行動の現象として現れないからといって、保育者が把握できないというわけではない。目の前で起こっている現象や子どもの行動を詳しく観察し、吟味することによって、子どもの本当の姿が見えてくる。これは、次に起こる子どもの変化の徴候を捉えることにつながり、子どもへの適切な関わりを行うために重要である。

　同時に、保育者が発達的視点を持つことにより、子どもの行動に見通しを持つことができると、保育者が子どもを見る目が広がり、見通しを持つことができるのである。そうすると、保育が保育者の側からの一方的な固定的なものではなくなり、子どもの実態に合った柔軟性に富んだ実践をすることになる。

　また、子どもを個人として見るのではなく、現象の流れの中で個々の子どもの姿を把握することも大切であり、今この子どもが行っている行動や遊びが将来何につながっていくのか、次に起こる（であろう）出来事のために今どのような援助（支援）を行うことが求められるかという見通しを立てて実践することができる。

2　保護者と協働できる保育者とは

　子どもの保育においては、保育者と保護者との間の十分なコミュニケーションが必要不可欠である。子どもの生活については、家庭と園が全く異なった環境では問題が生じやすく、そのため園と家庭、すなわち

保育者と保護者との確実な情報のやり取りが重要である。

　組織でよく言われる「ほうれんそう」が保育者にとってもたいへん重要になってくる。「ほうれんそう」とは、報告・連絡・相談のことであり、そこで、保育者と保護者の「相互支援」の重要性を示唆していくために、子どもたちに対する保育を相互支援の側面から捉えた保育におけるサポートが、保護者との協働を行う際に必要となる。これは、「保護者の保育者に対する支援が保育者の子どもに対する支援を支援し、保育者の保護者に対する支援が保護者の子どもに対する支援を支援する」協働関係を意味し、これにより、園における管理体制が強化されがちであった保育を、サポート重視の体制へとシフトチェンジすることができる。

　従来は保育者と子どもの関係に限定されがちであった保育において、保護者を含めた三者の間の関係を考える必要があることが分かると同時に、三者（子ども・保護者・保育者）の間の関係についても、管理中心ではなく、支援と援助を中心とする協働体制づくりが可能となる。この体制ではまず保育者と両親との間で密なコミュニケーションを図り、「相互支援」の協働関係を形成する必要があり、保護者の保育者に対する支援が、保育者の子どもに対する支援を支援し、保育者の保護者に対する支援が、両親の子どもに対する支援を支援することが可能になる。

　ややもすれば管理中心になりがちな園での保育の中で、「保育者と両親の相互支援」は、支援や援助と管理との共存一体化が必要不可欠であり、またこれらの役割を前提とした共存一体化こそが、保育者が行う保育内容の活性化につながるのである。

第3節　保育者倫理と資質の向上

1　保育者倫理の向上

　子育てが煩雑化し、地域の子育て支援の中心的な役割を担う保育所に求められるニーズが昨今では多様化しており、虐待などの深刻な事例などさまざまな問題と向き合わなければならない中で、保育者は専門職として、その実践においてソーシャルワーク（相談援助）の視点と技術が求められている。

　1997年に改正された児童福祉法第48条の2（現行法では第48条の3）で「保育所は、当該保育所が主として利用される地域の住民に対して、その行う保育に関し、情報の提供を行い、並びにその保育に支障がない限りにおいて、乳児、幼児等の保育に関する相談に応じ、及び助言を行うよう努めなければならない」と規定し、保育者の地域住民に対する子育て支援が位置づけられた。また現行の児童福祉法第48条の3第2項では「保育所に勤務する保育士は、乳児、幼児等の保育に関する相談に応じ、及び助言を行うために必要な知識及び技能の修得、維持及び向上に努めなければならない」と保育者の保護者への相談援助の努力義務が明示されており、保育者は保護者に対する保育指導を行うために相談援助に関する専門的知識・技術を修得し、活用することが求められている。言い換えれば、保育者はソーシャルワークの視点を学び、その技術を活用することで保護者との信頼関係を基盤とした関わりが深められ、保護者への支援が可能となり、同時にその支援関係を維持する力も求められているのである。

　しかし、どんなに専門的知識や専門的技術を学んでも、倫理性に裏付けられた保育者としての価値を併せ持っていなければ良い援助者と言えないのである。保育者は援助者としての自覚を常に持ち、さらなる自己

研鑽を心がけ、保育者どうしでも互いに支え合いながら日々の努力の積み重ねを行うことが、信頼される保育者になるために必要な姿勢である。

2　保育者の資質の向上

「保育の質が良い、保育の質が高い」ということは、保育行為つまり保育者の姿勢や保育のあり方が、子どもに対して「良いモデルとなること」の意味から発信されている。つまり、保育者自身が子どもの「人的環境」であり、模倣されている存在や示唆される存在であるということである。

保育者は常に子どもを取り巻く環境の良い存在であり、質の高い保育を行うことを要求される。一人の子どもがどの保育者と出会ったか、そこでどんな保育をしてもらったのか、人的環境が子どもの成長にどれだけ大きな変化を生むかということである。すなわち、良い保育、質の高い保育をすることこそが、質の高い保育者だと言える。

そこで「良い保育とは何か」「質の高い保育とは何か」「何をもって良い保育の質と言えるのか」を理解しなければ、保育者は保育行為を高めることはできない。以下、良い保育行為の3機能について述べる。

(1) 専門性と保育行為の関係

専門的な保育つまり、「良い質の保育とは何か」「質の高い保育とは何か」について説明するとき、①教育性、②興味性、③児童性の「保育行為の3機能」が挙げられる［駒井、2006］。

保育行為というのは保育者が保育所で行っている言動と行動を表しており、行為の内容をさらに具体化してみると、①保育者間の関係、②保育者の保育姿勢、③保育のあり方、④子どもの姿、⑤親との関係、⑥保育環境の6つに整理できる。

(2) 子どもと保育者の信頼関係

「保育行為の3機能」が意味するものは保育の働きの機能であり、幼児と保育者が信頼関係でつながっているということは、まず良い保育行

為の中身として、保育者と子どもの間の信頼関係の確立が前提となってくる。保育者と子どもの間に信頼関係が全くなくバラバラの状態では、決して良い保育行為とは言えない。

例えば「これから紙芝居をしますからお席に着いてください。着かないとお外に出しますよ！それからおやつもあげませんよ！」と保育者が子どもたちに言う場面では、子どもたちは「先生に叱られるから席に着く、またはおやつが食べられないから席に着かなければならない」ということになった場合、これは良い保育行為とは決して言えないということである。

保育者は子どもが興味を持って「紙芝居を見たい」という気持ちが子どもたちの中で自然と生まれるように働きかける保育行為が望ましい。そのためには、日頃の保育者と子どもの関係や関わりがたいへん重要になってくるのであり、同時に、日常の積み重ねで保育者と子どもの信頼関係ができてこそ、良い保育行為と言えるのである。

(3) 保育行為の3機能

保育行為の3機能とは、良い保育行為には次の3つの働きが必ず含まれていることである。以下、3機能について詳しく説明していきたい。

①保育はあくまでも「養護と教育の一体化」といわれている。保育者の保育行為に教育的なメッセージがなくてはならない。

保育者の保育行為には必ず目的やねらいがあり、保育者の専門性としての第1条件は、まず保育行為に教育性があるかどうかということである。つまり、保育者は子どもたちにメッセージを送信しているかどうかであり、良い行為と悪い行為の違いは、まず保育行為における教育性の有無と言える。

②興味性とは、保育者が保育する行為についてはまず子どもが「これ何だろう？」「おもしろそう」「もっと見てみたい」「やってみたい」などと子どもに関心を起こさせることが含まれていることが重要である。

教育性を重視するがゆえに、子どもたちに対し支持・命令・禁止ばか

りでの保育行為では、かえって子どもたちのやる気を失うことになるので、保育者は常に子どもたちの状況を把握しながら対応することが大切である。

　③児童性とは、保育者が、子どもの発達段階や対象年齢を十分理解し、保育行為を展開させることの重要性を指す。子どもの発達は著しく変化して日々の違いは大きく、保育行為そのものが今の子どもの年齢や時期に合っているのか十分に判断することが求められる。

　以上の3機能（教育性、興味性、児童性）を踏まえた保育行為において、保育者は、さまざまな子どもの状況を適切に判断する能力が必要であり、同時に、一人の人間として正しい倫理観を持ち、しっかりと子どもの親（保護者）と向き合える人材であることが望ましい。つまり、保育者である前に「一人の人間としてどう取り組むか」が基本となる。

【引用・参考文献】

　駒井美智子「専門性と保育の良い質について」松嵜洋子編『保育方法論』大学出版社、2006年、pp.104-106

　谷口卓・末光正和編著『実践から学ぶ児童虐待防止』学苑社、2007年

　林邦雄・谷田貝公昭監修、髙玉和子・和田上貴昭編著『相談援助』（保育者養成シリーズ）一藝社、2012年

　林邦雄・谷田貝公昭監修、髙玉和子・和田上貴昭編著『保育相談支援』（保育者養成シリーズ）一藝社、2012年

（谷口　卓）

第9章 生きる力の基礎を培う保育

第1節 子どもにとって「生きる力」とは何か

1 「生きる力」とは

　「生きる力」という言葉は1996年に中央教育審議会が「21世紀を展望した我が国の教育のあり方について」という諮問に応えた第1次答申の中で打ち出された言葉である。この「生きる力」とは、激しい変化とともに将来に対する不透明な社会、変化への対応がいっそう求められる「知識基盤社会」という厳しい時代の中で、子どもたちが将来を生きていくために必要な力である。

　「生きる力」の必要性が叫ばれる背景には、現代の子どもたちの学力・体力の低下とともに、いじめ、不登校、自殺などの精神面の貧困が社会問題として大きく取り上げられるようになり、子どもたちの「生きる力」の衰弱化が指摘されている現状がある。

　そこで、中央教育審議会はこれまでの教育のあり方を見直し、子どもたちが「生きる力」を培うことができるよう「生きる力」の内容を下記の3点で示した。

1　自分で課題を見つけ、自ら学び、自ら考え、主体的に判断し、行動し、より良く問題を解決する資質や能力
2　自らを律しつつ、他人とも協調し、他人を思いやる心や感動する心等豊かな感性
3　たくましく生きるための健康や体力

教育によって、子どもたちにこれらの能力や資質を全人的にバランスよく育むために、子どもたちの生活体験や自然体験など実際に体験する活動の機会を広げることが望まれる。同時に、子どもたちの「生きる力」を育むために学校、家庭、地域社会は十分連携をとり、バランスのとれた教育を行う必要がある。

　この答申の後、2006年には「教育基本法」、2007年には「学校教育法」が一部改正された。2017年告示の「幼稚園教育要領」では、「生きる力の基礎を育む」ために、「知識及び技能の基礎」「思考力、判断力、表現力等の基礎」「学びに向かう力、人間性等」といった「資質・能力」を「一体的に育むよう努めるものとする」とされた。

　また、グローバル化が進展し国際競争が加速する反面、異なる文化との共存、国際協力などの必要性が高まっている。そのため、自ら課題を発見し解決する力、コミュニケーション能力、物事を多様な観点から考察する力、さまざまな情報を取捨選択できる力も重視されるようになった。

　子どもたちがこの厳しい現実に対応し、力強く生き抜くために「生きる力」を強化することが求められている。

2　幼児教育における「生きる力」

　幼児教育においては、「生きる力」ではなく「生きる力の基礎」という表現が使われている。どのように使われているか、「幼稚園教育要領」を具体的に見てみよう。

　幼稚園教育要領では、「第1章　総則」の「第2　幼稚園教育において育みたい資質・能力及び『幼児期の終わりまでに育ってほしい姿』」において、次のように記されている。

> 　幼稚園においては、生きる力の基礎を育むため、…（中略）…幼稚園教育の基本を踏まえ、次に掲げる資質・能力を一体的に育むよう努めるものとする。

> (1) 豊かな体験を通じて、感じたり、気付いたり、分かったり、できるようになったりする「知識及び技能の基礎」
> (2) 気付いたことや、できるようになったことなどを使い、考えたり、試したり、工夫したり、表現したりする「思考力、判断力、表現力等の基礎」
> (3) 心情、意欲、態度が育つ中で、よりよい生活を営もうとする「学びに向かう力、人間性等」

　以上の3項目は、「保育所保育指針」では、「第1章　総則」の「4　幼児教育を行う施設として共有すべき事項」において、同じ内容で記されている。
　これは「幼保連携型認定こども園教育・保育要領」も同様である。「幼保連携型認定こども園教育・保育要領」では、「第1章　総則」の「第1」の3（1）において「生きる力の基礎を育むため」、上記の3項目の「資質・能力を一体的に育むように努めるものとする」としている。
　2017年改訂（定）された「幼稚園教育要領」「保育所保育指針」「幼保連携型認定こども園教育・保育要領」とも、上記の3項目に続けて、「幼児期の終わりまでに育ってほしい姿」を、共通に明記している。

> 《「幼稚園教育要領」の場合》注：下線部のみ、「保育指針」「認定こども園教育・保育要領」では表記が異なる
> **(1) 健康な心と体**
> 　<u>幼稚園</u>生活の中で、充実感をもって自分のやりたいことに向かって心と体を十分に働かせ、見通しをもって行動し、自ら健康で安全な生活をつくり出すようになる。
> **(2) 自立心**
> 　身近な環境に主体的に関わり様々な活動を楽しむ中で、しなければならないことを自覚し、自分の力で行うために考えたり、工夫したりしながら、諦めずにやり遂げることで達成感を味わい、自信をもって行動するようになる。
> **(3) 協同性**
> 　友達と関わる中で、互いの思いや考えなどを共有し、共通の目的の実現に向けて、考えたり、工夫したり、協力したりし、充実感をもってやり遂げるようになる。
> **(4) 道徳性・規範意識の芽生え**
> 　友達と様々な体験を重ねる中で、してよいことや悪いことが分かり、自分の行動を振り返ったり、友達の気持ちに共感したりし、相手の立場に立って行動するようになる。また、きまりを守る必要性が分かり、自分の気持ちを調整し、友達と折り合いを付けながら、きまりをつくったり、守ったりするようになる。

(5) 社会生活との関わり

　家族を大切にしようとする気持ちをもつとともに、地域の身近な人と触れ合う中で、人との様々な関わり方に気付き、相手の気持ちを考えて関わり、自分が役に立つ喜びを感じ、地域に親しみをもつようになる。また、幼稚園内外の様々な環境に関わる中で、遊びや生活に必要な情報を取り入れ、情報に基づき判断したり、情報を伝え合ったり、活用したりするなど、情報を役立てながら活動するようになるとともに、公共の施設を大切に利用するなどして、社会とのつながりなどを意識するようになる。

(6) 思考力の芽生え

　身近な事象に積極的に関わる中で、物の性質や仕組みなどを感じ取ったり、気付いたりし、考えたり、予想したり、工夫したりするなど、多様な関わりを楽しむようになる。また、友達の様々な考えに触れる中で、自分と異なる考えがあることに気付き、自ら判断したり、考え直したりするなど、新しい考えを生み出す喜びを味わいながら、自分の考えをよりよいものにするようになる。

(7) 自然との関わり・生命尊重

　自然に触れて感動する体験を通して、自然の変化などを感じ取り、好奇心や探究心をもって考え言葉などで表現しながら、身近な事象への関心が高まるとともに、自然への愛情や畏敬の念をもつようになる。また、身近な動植物に心を動かされる中で、生命の不思議さや尊さに気付き、身近な動植物への接し方を考え、命あるものとしていたわり、大切にする気持ちをもって関わるようになる。

(8) 数量や図形、標識や文字などへの関心・感覚

　遊びや生活の中で、数量や図形、標識や文字などに親しむ体験を重ねたり、標識や文字の役割に気付いたりし、自らの必要感に基づきこれらを活用し、興味や関心、感覚をもつようになる。

(9) 言葉による伝え合い

　先生や友達と心を通わせる中で、絵本や物語などに親しみながら、豊かな言葉や表現を身に付け、経験したことや考えたことなどを言葉で伝えたり、相手の話を注意して聞いたりし、言葉による伝え合いを楽しむようになる。

(10) 豊かな感性と表現

　心を動かす出来事などに触れ感性を働かせる中で、様々な素材の特徴や表現の仕方などに気付き、感じたことや考えたことを自分で表現したり、友達同士で表現する過程を楽しんだりし、表現する喜びを味わい、意欲をもつようになる。

　つまり、「生きる力」の基礎を育むことは、こうした姿を目指すことにより、小学校以降に生きる力を育成することを踏まえた教育との接続を確かなものとすることなのである。

第2節　子どもに見る「生きる力」の基礎

1　子どもに備わっている「生きる力」

　胎児は、母体という最適な環境の中で成長していくが、出産によって、これまでとは全く違った環境に一瞬にして投げ込まれる。この急激な環境の変化に、新生児の肺は敏速に対応し、生きるために自分の肺で必要な呼吸を始め、生きているというあかしである産声を発するのである。大人の手によって養護されなければ生きていけない乳児期ではあるが、すでに乳児自身の中に、生きるためのさまざまな力を内在している。

　赤ちゃんの研究が進歩している現在では、赤ちゃんの神秘的な力がさまざまに紹介されている。例えば、生後間もない赤ちゃんの脳におけるシナプスに関しては、この時期にシナプスが最も多くなるため、視覚や聴覚の力が最大限発揮され、大人には分からない微妙な違いを見分け、聞き分けることができる力を内在していることが報告されている。この力は、自分の周囲の大人を見分け、その声を聞き分け、自分が今置かれている環境に適応していくために必要な力なのである。しかしこの力は、環境に適応する中で徐々に変化していく。なぜなら、不要なシナプスは退化し、必要とされる新たなシナプスが形成され、自分が生きる環境に必要な能力だけが整理され、残るからである。

　また、乳幼児の発達を見ると、個人差はあるにしてもその道筋は同じであり、発達・成長するために各々自分のプログラムを持っている。乳幼児にとって、このプログラムに従うことが発達課題を克服していくための重要な鍵なのである。寝返りを例にとると、大人に言われなくても、寝返りのための筋肉が育つと寝返りに挑戦し始めるのである。その過程の中で、寝返りのための筋肉の調整ができるようになり、身体の回転、手足の反動などを学習し、数日後には寝返りができるようになる。この

学習プログラムは、乳幼児が生きるために、すでに内在されているプログラムなのである。

このように、乳幼児には生きるために必要な力がすでに備わっているため、さまざまな環境が整えば、そこで自身の内的プログラムに沿って成長していくことができる。乳幼児に関わる大人は、このプログラムを妨げることなく、十分発揮できるような環境の整備と援助を行わなければならないのである。

2　現代社会を生き抜くための「生きる力」の基礎

社会が豊かになり、便利になったことによって、子どもたちの育ちの問題が現れてきている。出産後から人として培われるべきはずの基礎が、十分に育まれていないためである。しかし、この基礎づくりがとても重要なのである。

樹木は、地上の幹と同じ長さの根を大地にしっかりと伸ばし根づいている。この目に見えない根の部分が「基礎」であり、この根が弱ければ木は立っていることができず、嵐に遭えばすぐに倒れてしまう。

幼児教育は、この目に見えない根の部分の教育を担っていると言える。見える能力や学力も必要であるが、幼児期には、それを支える見えない部分の「生きる力の基礎」を育む必要がある。しかし現実には、幼児を取り巻く環境の急激な変化によって、この目に見えない部分の成長が阻害されている。

乳幼児期は、心身の発育・発達が著しい時期であるが、特に精神の発達に注意を向ける必要がある。なぜなら、精神は誕生後に、その成長と発達のために必要な養分を環境から吸収しようと活発に働き始めるからである。初期に最も必要な養分は、心身ともに安定した状態を保つことができる環境と、愛情豊かな大人との親密な信頼関係である。これらが基盤として保たれて初めて、乳幼児は主体的に環境と関わろうとするのである。

安心感・安定感を保障されている乳幼児は、人や物、自然などに触れることによって興味・関心を広げたり、心情に刺激を受け活動意欲が高められるため、自ら積極的に活動を始めるのである。活動を通して経験することで、感じたり考えたり試したりしながら工夫し、繰り返すという過程の中で、身体とともに精神も成長していくのである。この精神の発達は人格形成の基盤ともなる。

第3節　生きる力を培う保育の内容

1　動きながら学ぶ子ども

　幼稚園教育要領では、「自発的な活動としての遊びは、心身の調和のとれた発達の基礎を培う重要な学習」であること、また、保育所保育指針では、「生活や遊びを通して総合的に保育すること」が提示されている。言い換えれば、子どもは「動きながら学ぶ」ということである。乳幼児、特に0歳から満3歳の子どもの運動の発達は目をみはるものがある。おおむね6カ月から1歳の運動の発達を見ると、寝返り、腹ばい、座る、はう、立つ、伝い歩き、一人歩きへと至る。同時に、手や腕の発達も伴い、探索活動が活発になる。

　この時期の探索活動は、自分の興味に向かって動きながら世界を広げていく。目的物を手にしたら、すぐに触って確かめ、口でなめて吟味し、動かしたり、揺すったり、落としたり、投げてみたりしながら、それが何であるのか知るために試行錯誤している。大人にとって意味のないそれらの行動こそが、子どもにとっての学習なのである。そのため、これらの活動を阻止せず、乳幼児が安全かつ自由に活動できるように環境を整える必要がある。

　1歳を過ぎる頃には腕や足の力がついてくるため、両手・両足を関連

させながら動かすことを喜ぶようになる。乳幼児は一つの動きを覚えると、その動きを何度も繰り返し練習する。修得してしまうと、次の課題へと進み挑戦しようとする力を持っている。例えば、歩き始めた子どもが、転んでも転んでも立ち上がり、徐々にその距離や時間を延ばしていく姿や、自分で着脱しようと何度も何度もスナップやボタン掛けに取り組む姿などである。この時期に必要なことは、動きを満たしてくれる道具と、気が済むまで練習させてくれる保育者の配慮、そして行き届いた環境を整えることである。

　２歳頃から模倣期に入り、大人の動きに対して関心を持ち、動き方や道具の使い方をよく見るようになる。この時期の幼児は修得する能力が優れているため、短期間の間にさまざまなことが一人でできるようになる。自分でやってみたい、できるようになりたいとの強い願いを内に秘めているので、見たことを自分でもやってみようと挑戦し始め、繰り返し練習する中で上達していく。さらに、意識して体を使うようになるため、意志の力で動く随意筋が発達し、繰り返すことで筋肉が動きを記憶し、筋肉の調整や自己をコントロールしていく基礎が育つのである。

　そのため保育者は動きを分析し、子どもが見て理解できるテンポで正確にやって見せる必要がある。幼児は、正確さや美しさへの憧れを持っているので、正確にまねをしようとするのである。このとき、見ることに注意が向けられるよう、ポイントになる言葉だけを聞かせるようにすることが大切である。

　おおむね４歳から６歳頃になると、手足のバランスが取れるようになり、バランス感覚が育ち、機敏な動きや複雑な動きができるようになる。同時に、静止することや姿勢を整えること、静粛を守ることなど、意識して身体の動きを抑制することもできるようになる。また、目的に向かって自分の持っている能力や知識を駆使し、友達と協力して活動することができるようになるのもこの時期である。自分が選んだ興味ある活動に十分取り組むことによって心身が鍛えられ、持久力や意志力も育ち、

意欲的になり高度な活動に挑戦するようになる。

　保育者は、幼児が伸び伸びと活動し、身体を動かすことの楽しさを十分に味わい、力を発揮できるような環境構成を行う必要がある。また、ルールや競争が含まれている活動や、友達と協力できる活動などを保育の中に取り入れるなど、工夫が必要となってくる。

2　感覚を通して学ぶ子ども

　幼児期は、感覚器官の発達も著しい時期である。0歳から満3歳頃の乳幼児は五感をしっかり働かせ、無意識のうちに多くのことを環境から吸収していく。この時期は、視界に入ってくるもの、肌に感じる日差しやそよ風、聞こえてくる人の声やその他のさまざまな音、香ってくる匂い、舌で感じる味、それら全てを刺激として受け取り、吸収し、無意識のうちに記憶するのである。こうして、吸収した雑多な感覚体験は無意識のうちに整理され、感性や知性の基礎となるのである。

　そのため保育者は、より良い感覚体験ができるように環境を整えることや、良い環境を選んでそこへ連れて行くことなどの配慮をしなければならない。

　3歳頃になると、これまで活動を通して感覚的に吸収したものを意識的に整理し、さらに新たな情報を吸収してより正確に整理するようになる。

　視覚では色・形・寸法などの識別ができるようになり、その中に含まれる法則性を感覚的に理解できるようになる。触覚ではつるつる・ざらざらなどの触覚感覚、重い・軽いという重量感覚、温かい・冷たいなどの温度感覚、球・立方体、円柱など立体識別感覚などが身につくようになり、その他、聴覚や味覚、臭覚など微妙な違いが分かるようになる。感覚から得たそれらの情報を言語化することによって、より正確に分類し、整理づけをするのである。

　しかし、幼児は一度にたくさんの感覚への刺激を整理することができない。そのため保育者は、子どもが形に興味を示しているなら、その他

の素材・大きさ・色などが全て統一された教材を準備することが望ましい。同時に、子どもが達成感を味わえる数量にも配慮が必要となる。また、良い感覚体験のためには保育者の愛情も大切であり、子どもの心が安心できる環境が必要なのである。

3　知性の働き

3歳頃の子どもは自分の意志がはっきりしてくるため、自分が自分の行動の主人公として活動したいという望みを持っている。この望みをかなえようと内面から突き動かす力が、「知性」のエネルギーである。そのため、この時期には知性の発達が活発になり、同じものに興味を持ち、分類したり、比べたり、いっしょにするなどの活動を楽しむようになる。

4、5歳頃にはさらに、知性が活発に活動し始め、興味を持った一つの活動に集中し、その中で試したり確かめたりしながら、長時間活動をするようになる。幼児が夢中で何かに取り組み、持続して活動できるのは、その動作の中に、並べる、分ける、同じ物を集める、比べてみる、合わせるなどの数学的な操作が含まれているからである。この知性による「分析」「集合」「比較」「対応」などの区別する働きは数学的思考を育成し、子どもにものの本質やその中にある法則性、抽象化、因果関係、そしてより緻密な秩序を見いださせるのである。

このように、幼児の内面の深層には知識を求め発展しようとする衝動がある。幼児が自発的に何かを学びたいと感じているなら、それは知性が促しているからである。幼児が自分の意志で活動を選択し、知的活動を十分行うことができれば、その精神が強められ、しだいに自分で課題を見つけ、自ら学び、考え、主体的に判断し、行動できるようになり、より良く問題解決ができるようになるのである。この知性の働きを促すことが、主体的な活動へと導く鍵となる。

4 援助のポイント

運動、感性、知性の側面から見てきたが、その中で触れた援助のポイントをモンテッソーリ教育の視点から抜粋してみると、次のようになる。

①**活動の自由を与える**：子どもが発達のプログラムに沿って活動を始めたら、それを阻止せず、活動の自由を与える必要がある。幼児が主体的に見たことを思い出し、自分で考え実行しているときも、同様に自由を保証する必要がある。

②**対象となる活動や困難な活動を、1つだけ取り出す**：幼児は受ける刺激が多すぎると処理できないため、子どもに教えたい内容だけを取り出し、そこに注意を向けさせ、集中して活動できるようにすることが望ましい。

③**動作を分析し、順序立てる**：子どもが分かりやすくやりやすいことを原則として、動作を分析する必要がある。活動の中で展開される一つ一つの動きのポイントを把握し、一連の動作として順番に組み立てる必要がある。

④**ポイントの言葉だけを伝え、動作を見せる間は、言葉は使わない**：子どもは、動作を目で追いながら追体験をしている。このとき子どもの脳は、示される動作に注意を向け、活発に働いている。説明しながら動作を見せると注意が妨げられるため、動作の前後にポイントの言葉を伝えることが望ましい。

⑤**間違いに自分で気づかせる**：子どもの間違いや失敗を指摘しない。子どもが自分で間違いに気づくように関わることが大切である。自分で気づけば、間違いや失敗は発見になり、子どもの活動意欲を高める結果となる。

生きる力は、子どもの中にすでに存在しているものであり、親や保育者は、それをいかに援助していくかが、どこまでも重要なポイントであろう。そこでここでも、モンテッソーリ法による援助のポイントを一部

紹介してみた。だが、いちばん大切なことは、子どもをよく観察することである。子どもとの関わりの中で、子どもの「生きる力」を援助するために何をすべきか、何が必要であるかを教えてくれるのは、ほかならぬ目の前にいる子どもたちだからである。

【引用・参考文献】
相良敦子『お母さんの「敏感期」――モンテッソーリ教育は子を育てる、親を育てる』文春文庫、2007年
江口裕子ほか『MONNTESSORI-METHOD モンテッソーリ教育：理論と実践――0〜3才までの育ちと手助け』学研、2003年
梶田叡一『〈生きる力〉の人間教育を』金子書房、1997年
厚生労働省『保育所保育指針＜平成29年告示＞』フレーベル館、2017年
内閣府・文部科学省・厚生労働省『幼保連携型認定こども園教育・保育要領＜平成29年告示＞』フレーベル館、2017年
文部科学省『幼稚園教育要領＜平成29年告示＞』フレーベル館、2017年

（濱﨑久美）

第10章 生活と遊びを通しての保育

第1節 子どもの生活と遊び

1 子どもと「園生活」

　子どもの生活は連続している。園生活（幼稚園・保育所・認定こども園）においても、「今日」と「明日」は分断されたものではない。子どもたちは、「明日も○○で遊ぼう」「明日も○○ちゃんと遊ぼう」という「明日への希望」を持ち、意欲的・主体的な活動を生み出している。よって保育者は、子どもの園生活に潤いと楽しさを与えるとともに、連続性を理解した保育を行うことが必要である。

　園生活は大きく3つに分けることができる。すなわち、①「生活に関わる活動」（基本的生活習慣の獲得など）、②「クラス活動」（クラスで定められた活動）、③「遊びの活動」（子どもが自由に選択できる遊び）である。本章ではその中でも、「遊びの活動」の重要性について考えていく。

　子どもたちを見ていると、「遊び」に満足したときには、片づけなどを主体的に行っている。身体を思い切り使う遊びをすることで食欲が増す。また、「遊び」のさまざまなやり取りの中で友達関係を促していく。このように「遊び」は、「基本的生活習慣」や「人間関係（友達関係）」にも大きな影響を与えている。このような観点から、近年では「遊びを中心とした保育」が行われている。皆さんも本章を参考にして、「遊びを中心にした園での生活」について考えてもらいたい。

2 「遊び」とは何か

　私たちは何をもって「遊び」と定義しているのだろうか？「遊び」といえば、古くは「遊具を使った遊び」を指した。例えば、お正月遊びに見られるこまやたこ、日常生活では積み木や人形などがこれに当たる。このような遊びの定義を劇的に変えたのがホイジンガ（Huizinga, Johan 1872～1945）である。彼は、遊びを芸術や哲学、詩や法則、そして戦争に至るまで、人間生活におけるあらゆるものにその本質を見いだそうとした。また、カイヨワ（Caillois, Roger 1913～1978）は、遊びは、①自由で、②隔離された、③未確定で、④非生産的な、⑤規則のある、⑥虚構の活動、と定義した。彼は遊びを「自由」で「非生産的」な活動とし、「（日常生活とは）隔離されたもの」「規則のあるもの」と定義したのである。しかし、一方では、遊びは堕落で、めまいや偶然が伴うようなとても危うくて隔離されない（日常生活と密接に関連する）もの、という可能性も示している。つまり、遊びは一見、日常生活とは隔離されたように見えるが、実は密接に関連していることを述べている。

　彼らが示した「遊び」の定義は、以下の2つの点において大きな意味を持つ。一つは、「遊び」を「遊具を使った遊び」という狭い範囲ではなく、「人間の行動全般」として捉えたことである。もう一つは、テーマパークや公園などで行う特別な行為でなく、「日常生活の中に見いだすことができる行為」という意味づけを行ったことである。

　このように、「人間の生活の一部」とされるようになった「遊び」は、しだいに人間の成長・発達に関連づけられて考えられるようになった。いわゆる「発達心理学」と言われる分野である。このような考えの中で、「遊びは人間の発達とどのように関連があるのか」、「遊びはどのように人間の発達を促すのか」などの研究が行われ、多くの理論が打ち出された。エリス（Ellis, Michael J. 1936～　）やピアジェ（Piaget, Jean 1896～1980）などはその代表と言える。

3　日本における「子どもの遊び」の変化

　日本には、古来から多くの「遊び」があった。平安時代では、こま、ままごと、雀小弓（射的）などである。このほかにも江戸時代には、鬼遊びやお手玉、あやとりなど、さまざまな遊びをしたことが知られている［石川ほか、1984］。そして、これらの遊びは現代でも行われている。

　このように現代に伝承されている遊びがある一方、1960年代を境に、遊びの内容に変化が見られるようになった［伊地佐ほか、2011］。遊びの場・量・質の変化である。それまでの遊びの定番であった空地、山、川などは「人目につきにくい」などの理由から危険な場所となった。アレルギー疾患を持つ子どもが増加する（花粉症や動物アレルギーなど）とともに、保護者の清潔感に対する要求が強まった。また、皮膚がんなどを恐れて紫外線に対する嫌悪感が広がり、福島県の原発事故後は放射線の影響なども指摘されるようになった。その結果、戸外での遊びが減少したのである。減少した遊びの時間は、同時期に発達したメディア機器（ゲーム機）を中心とした室内遊びに変化していった。このようなゲーム機の広がりは、個人で行う遊びの増加をもたらした（集団で行う遊びの減少）。また、さまざまな室内遊具も開発された。これらの室内遊具は「手軽に」「簡単に」できることが基本となっている。近年では室内用の砂遊びも発売され、「清潔感」や「手入れのしやすさ」などが特徴に挙げられている。しかし、これらの「遊びの場・量・質の変化」は、①筋力やバランス感覚の遅れ、②人間関係構築の未熟さ、などの問題を引き起こしている。保育者は日常の保育の中に、①ごっこ遊び、②想像できる遊具、③創作できる素材、④継続できる場、などの環境を構成する中で、これらの問題の改善を促していく必要がある。

第2節　生活や遊びを通しての総合的な指導

1　「生活や遊びを通しての総合的な指導」とは

　戦後、1956年に「幼稚園教育要領」が制定され、「第Ⅱ章　幼稚園教育の内容」において「幼児の発達の特性を考え、適切な経験を選択する必要性」が明示された。同時に「幼稚園設置基準」も制定され、幼稚園に多くの固定遊具が設置されるようになった。当時の遊びがまだ「遊具」に依存していたことがうかがわれる。このような「遊具中心」の考えを大きく変化させたのが、1989年の幼稚園教育要領の改訂である。ここでは、「子どもの遊び」が以下のように定義された。

　①環境への興味や関心に基づく行動である。
　②環境に主体的・意欲的に関わる活動である。
　③自発的な活動である。
　④葛藤、挫折感、充実感、達成感を味わう活動である。
　⑤さまざまな体験を重ねて、心身の調和のとれた発達の基礎となる。

　つまり遊びは、「子どもが自発的・主体的に生み出す」活動であり、「環境を通して行う」ことが重要視されたのである。
　また、2017年告示の幼稚園教育要領では、前文で「幼児の自発的な活動としての遊びを生み出すために必要な環境を整え」ることが、保育者を含む全ての大人に期待される役割としたうえで、「第1章 総則」で、以下の点が示されている。

　・幼児の主体的な活動を促すこと
　・遊びを通しての指導を中心とすること
　・幼児一人一人の特性に応じ、発達の課題に即した指導を行うこと

　乳幼児期の子どもは遊びの中で、さまざまな対象（自然や素材など）に出会い、自分の五感で感じるという直接的な体験を通して、物事の理解

を深めていく。決して、他者からの言葉によって理解できるものではない。自分の力で「できたこと」を通して達成感や満足感を味わい、「できなかったこと」で悔しい思いや挫折感を感じていく。そのような体験の積み重ねの中で、身体的・知的な発達も促されていく。また、そこに「人（友達や保育者など）」との関わりがあることで、「模倣」というモデリング的な方法を学んでいく。また一方で、友達との思いや行動の「行き違い」を経験し、「自分の思いどおりにいかない」ことも学習する。その結果、自己中心的な考えから脱していくことや、友達といっしょに行動することの楽しさ、そして友達への思いやりの心などを育んでいく。なお、2歳未満児はどちらかというと、衣食住という「基本的生活習慣」に関わる事柄の中で発達が促されることが多いため、「生活」という言葉が含められるようになった。乳幼児期には、このような「生活」や「遊び」を通してのさまざまな経験が、互いに関連し合いながら総合的に発達していく。

　保育者は、個々の子どもの特性を理解し、適当な環境を設定することで、子どもたちによりよい心身の調和的な発達を促していかなければならない。このような指導を「生活や遊びを通しての総合的な指導」と呼んでいるのである。

2　「生活や遊びを通しての総合的な指導」の実施上の留意点

(1) 子どもが「遊び込める」環境を準備する

　子どもはなぜ遊ぶのだろうか？　それは「楽しい」からである。子どもは遊ぶことによる成果を求めていない。「楽しむこと＝遊び」として捉えている。つまり、「遊びたいから遊ぶ」のである。よって保育者は、子どもたちが夢中になって「遊び込める」環境を整える必要がある。ここで2つの事例を紹介したい。

〈事例1〉
　ある園の砂場。そこには市販のままごと道具がきれいに並べられている。

子どもたちはきれいな身なりをして、「洋服を汚さない」、「園庭の草や花は（かわいそうだから）採らない」、「遊具は出されているものだけ、お友達と譲り合って使う」などのルールをきちんと守って遊んでいる。保育者は子どもたちの自主性を促すために、子どもたちとともに遊ぶ姿はなく、遠くから見守っている。

〈事例2〉
　ある幼稚園の砂場。砂の上には無造作に、家庭から集められた食器や鍋が置かれている。園庭の草や花も、子どもたちが好きなものを好きなだけ摘んでいいことになっている。子どもたちの周りには保育者の姿がある。保育者が直接指示することはないが、子どもたちの要望に応じていろいろな道具を準備したり、ヒントとなる言葉掛けをする姿がある。水をくんできて「川」を作る子ども、バケツで大きなケーキを作る子ども、ケーキの上に花を飾ったり、せっけんで作った「クリーム」でケーキを飾る子どももいる。一方では、摘んできたさまざまな花をザルに押し付けてすりつぶし、水を入れ、どんな色の「ジュース」ができるかを"実験"している子どももいる。子どもたちは泥だらけになりながらも、遊びを楽しんでいるようである。

　果たして、〈事例1〉と〈事例2〉のどちらが好ましい「遊び」と言えるだろうか？〈事例1〉のように「きれいな身なり」「整えられた園庭」そして「きちんと保育者のルールを守って」遊ぶ子どもたち。それは、一見"すてきな園"に見えるかもしれない。しかし、この園の子どもたちは本当に「遊ぶ」ことができているだろうか？　「遊ぼう」としたとき、長時間継続して同じ遊びを続けることができるのだろうか？

　一方、〈事例2〉の園はどうだろう？　さまざまな場所でさまざまな遊びが展開されている。しかし、「大きなケーキ」は簡単に作れただろうか？　きっと、カップで作った小さなケーキを作る中で「大きなケーキを作りたい」という興味・関心がわき、試行錯誤の中でバケツで作ることを"発見"したのではないだろうか。もしくは、年上の子どもや保育者の姿をまねたり、アドバイスがあったのかもしれない。

このように「自分の興味・関心を発見」し、「試行錯誤」の中で「発見」したり「挑戦」できる環境が、子どもたちには必要なのである。また、保育者や年上の子どもたちがやっていることを「まねる」「アドバイスを受ける」などの人的な環境も必要である。このように、自分の意欲をかきたてられ、その意欲を実現できる物的環境・人的環境の中で、子どもたちは「遊び込む」ことができるのである。

(2) 個々の子どもの発達の特性を理解する

　子どもの発達には、身体の発達と心の発達がある。身体の発達に関しては、発達検査などのいちおうの目安となる数値があり、客観的に把握することが可能である。しかし、心の発達は理解することが難しい。例えば、次の事例を読んで皆さんはどう考えるだろうか。

> 〈事例3〉
> 　2歳児が外遊びをしていたときに、アリの行列を発見した。子どもはその様子をしばらく見ていたが、急にアリたちを踏み潰し始めた。その様子を見た保育者は「なんてかわいそうなことをするの。アリさんが死んじゃうのが分からないの？」と泣き叫んで止めている。

　2歳児は、まだまだ"死"を正しく理解する心を備えていない。よってこの子どもは、「この行列、止めたらどうなるかな？」と思い、"実験"をしたのではないだろうか。動かなくなったアリを見て初めて"死"というものに直面したのかもしれない。子どもはこのように多くの経験を経て、心を成長させていくのである。また、子どもの心身の発達は非常に個人差がある。同じ年齢や月齢だからといって一様に理解できるものではない。常に一人ひとりの日常の子どもの姿を捉え、発達の状況を把握しておくことが必要なのである。

(3) 日常生活の連続性の中から子どもの「成長」を促す

　子どもの生活は連続したものである。年間の予定の中には大きな「行事」もあるが、〈事例4〉のように、できるだけ日常の生活に近い形で取り込んでいく工夫をしたい。

〈事例4〉
　ある園の7月、ある子どもが発した「おばけ屋敷」の話をきっかけに、おばけの話題で盛り上がっている。保育者は、子どもたちとともに、絵本を読む、絵を描く、壁面を作る、そしてお化け屋敷ごっこをするなどの活動を行った。子どもたちも、おばけに親しみを持っている。そこでその園では、その年の運動会のテーマとして「おばけの運動会」を取り上げた。

　このように、日常生活の中で沸き起こった興味・関心を行事につなげていきたい。このほかにも、日常の行動から「科学の目」や「好奇心・探求心」を育む活動をしている園が報告されているので参考にしてほしい（2014年度ソニー幼児教育支援プログラム最優秀賞受賞の函館美原保育園、めるへんの森幼稚園など）。

(4) 安全に配慮する

　楽しい生活や遊びには常に「危険」が潜んでいる。現代は「危機管理」に関しての意識が強くなったことから、一昔前にはどこの園にもあったブランコや鉄棒なども、設置していない園が増えている。この原因としては、けがに対して敏感になっている保護者が多くなった、という点もあろう。しかし、保育者としてなによりも大切なことは、子どもたちが安心・安全に生活を送ることができる環境をつくることにある。

　子どもはまだ「自分の能力」に関しての正常な判断ができないため、できないことにも挑戦しようとする。そのため、「危険だから」「けがをするといけないから」という保育者の判断だけで、子どもが考え出した遊びを排除してしてしまうことがある。しかし、子どもが自主的に「やりたい」「できるようになりたい」と思ったことは、できるようになろうと自分なりに努力をする。結果、「できないこと」が「できること」に変わったとき、心身ともに大きな成長を見せてくれるのである。それは保育者にとっても大きな喜びとなる。

　保育者は、子どもを見守り、アドバイスするので、危険なときにはやめさせるという正しい判断と臨機応変な態度が必要である。そのために

は、個々の子どもの成長・発達を正しく理解していることが必要となる。また、危険なものは落ちていないか、遊具の安全性はだいじょうぶかなど、安全点検も必要となる。

(5) 地域の自然、伝統、特産などを生活に取り入れる

地域にはそれぞれの特性がある。都心部では、美術館や図書館などの施設も充実している。地方では、豊かな自然や、継承されている伝統文化などに触れることができる。保育の日常生活の中に、それぞれの地域の特性を取り入れていきたい。

(6) 小学校や他機関との連携を考える

現在では、幼児期と就学後の連続性が叫ばれ、①子どもどうしの交流、②教員間の情報交換や勉強会、③保幼小間での共同の教育課程の編成、などが行われている。またこのほかにも、園における就学前の意識づけ、小学校における「スタートプログラム」や「生活科」の実施など、幼児期と就学後の生活の隔たりを少なくする取り組みが行われている。しかし、実際の実施率は、①や②では5割程度、③では15％ほどにすぎない［文部科学省、2013］。

このような取り組みのほかにも、今後は園の生活や遊びをどのように小学校の学びにつなげていくかという検討が必要である。その際に重要な事柄は、「どのような能力を養うか」ではなく、「能力を得るための過程」である。つまり、ある目標を達成するために、どのように①興味・関心、②粘り強く継続する力、③友達と協調して取り組む心、などの「学びに必要な姿勢」を育成するかが大切なのである。このような姿勢を「非認知能力」という。近年では、このような目に見えない能力が小学校以降の「認知能力」に深く関わっていることが注目されている［ヘックマン、2015］。

【引用・参考文献】

伊地佐美帆・稲益有沙・四辻杏香「子どもの遊び」中村学園短期大学部『幼花』論文集第3号、2011年、pp.72-77

石川松太郎ほか『図説・日本教育の源流』第一法規出版、1984年

エリス，M.J.（森楙ほか訳）『人間はなぜ遊ぶか——遊びの総合理論』黎明書房、1985年

カイヨワ，R.（清水幾太郎・霧生和夫訳）『遊びと人間』岩波書店、1970年

ピアジェ，J.ほか（森楙監訳）『遊びと発達の心理学』黎明書房、2013年

ヘックマン，J.J.（古草秀子訳）『幼児教育の経済学』東洋経済新報社、2015年

ホイジンガ（高橋英夫訳）『ホモ・ルーデンス』中公文庫、1973年

文部科学省「平成24年度幼児教育実態調査」2013年

文部科学省『幼稚園教育要領＜平成29年告示＞』フレーベル館、2017年

（副島里美）

第11章　保育における個と集団

第1節　個と集団の関係

1 集団生活の必要性

　現在日本では、義務教育ではないにもかかわらず、ほとんどの幼児が就学前に幼稚園・保育所に通園している。親が、幼児には集団生活が必要だと考える理由は何なのだろうか。

　図表1によると、「ルールやきまりを守ること」(67.0％)、「友達と仲良くすること」(66.0％)、「人の話を聞いたり、自分の気持ちを相手に伝えたりすること」(63.7％)、「思いやりや道徳心を育てること」(61.6％) など、社会性に関連する項目が上位を占めている。親は、子どもの成長において欠かすことのできない社会性を、園での集団生活の中で身につけることを期待していることが分かる。

　一方で「あいさつやお礼をきちんと言うこと」(59.8％)、「遊んだあとの片づけをすること」(50.0％)、「規則正しい生活リズムを身につけること」(37.8％)、「行儀よく食事すること」(24.5％) など、家庭教育でも可能であろう基本的生活習慣を身につけることも、幼稚園・保育所という集団生活の中での習得を望んでいることが分かる。

　就学前の集団生活において他者と関わる社会性のみでなく、他者との関わりを通して基本的生活習慣を身につけ「個として自立」することも子どもの育ちにとって必要であり、集団の中で個を育てることが保育の原点であると考えられる。

図表1　園に対するしつけ教育の期待

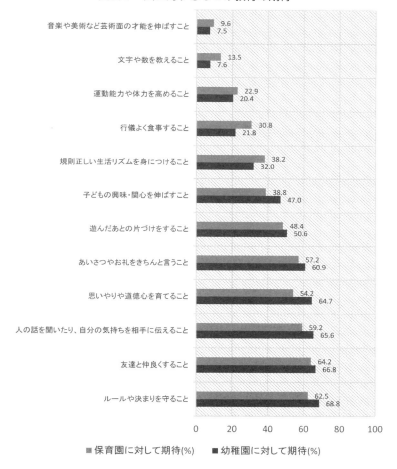

出典：[ベネッセ教育総合研究所、2013年]

2　第2の「社会」としての集団生活

　人間は、社会の中で他者とのコミュニケーションを図りながら、その社会でのルールや行動様式を共有して生きていく。社会から切り離されて生きていくことは通常あり得ない。

人間がまず初めに出会う社会は「家庭」である。親や祖父母などの子どもにとって全てを受け入れ見守ってくれる存在の他者と、ライバル関係でありながらも自分と生育歴を共有している兄弟姉妹が構成員である。この「家庭」という社会は、構成員が少なければ少ないほど子どもにとって「生きやすい」社会であるが、そこでのコミュニケーションは少なく、いわゆる社会性は育たない。現在の日本の家庭は核家族化・少子化が進み、コミュニケーション不足は否めない状況にある。

　次に出会う社会が、幼稚園・保育所である。構成員は保育者と友達であり、家族のように血縁というきずなで結び付いているわけではなく、皆が公平な関係の社会である。この集団生活での社会は、まずは子どもにとって「生きにくい」ものである。家庭という小さい社会で受容されながら生活してきた子どもにとって、友達という他者と関わりながらの生活は、戸惑い・葛藤の連続となる。しかし、この幼稚園・保育所という社会で子ども自身がどのようにして自己を発揮し、どのように他者を受け入れていくかを園生活の中で習得し、子ども自身が「生きやすい場・時間」を構築していく。この作業こそが集団生活の中で身につく社会性である。

3　個と集団の捉え方

　現行の幼稚園教育要領は、幼稚園教育の基本として、個を重視する姿勢を貫いている。一人ひとりの子どもの主体性に視点を置き、乳幼児の発達が遊びを通して促されるように環境構成することを強調している。また、保育所保育指針でも、長時間の集団生活を営む中で、一人ひとりの子どもの発達への援助を重視している。乳幼児が園生活において集団で生活を営むことに重きを置くよりも、個々の子どもに焦点を当てた個を重視した保育が求められていると言ってよいであろう。

　ところで、幼稚園・保育所が集団保育の場であることは言うまでもない。前記のとおり「社会性」を育む場であることも理解できる。では、

幼稚園教育要領や保育所保育指針が個を重視した保育を掲げる中で、個と集団の関係をどう捉えればよいのだろうか。

　保育は、個々の子どもの活動や遊びの集合体の営みであり、その集合体である集団の力が、言い換えれば仲間関係が、相互に影響し合いながら個々の子どもの発達を促すのである。「個か、集団か」という二者択一な捉え方ではなく、「その子ども個人を通して見る集団」と「集団における個人としての子ども」の両者の視点から、一人ひとりの子どもの理解を深めていくことに保育の意義がある。

4　子どもの発達と遊び

　幼稚園教育要領「第1章　総則」の「幼稚園教育の基本」の中で、「幼児の自発的な活動としての遊びは、心身の調和のとれた発達の基礎を培う重要な学習であること」とされ、また、保育所保育指針「第1章　総則」においても、「保育所保育に関する基本原則」の中で、「乳幼児期にふさわしい体験が得られるように、生活や遊びを通して総合的に保育すること」とある。

　つまり、「遊び」が子どもの発達にとって不可欠な活動であり、言い換えれば「遊ぶ」ことによって子どもは心身ともに発達していくのである。遊びによって発達する能力として、①知的能力、②身体能力、③社会的能力が挙げられる。①知的能力とは、遊びの中で関わる環境に対して、子どもなりの課題を見いだし、それを解決していく能力である。②身体能力とは、遊びの中で思い切り走ったり飛んだりすることで育つ運動能力と、遊具や素材を扱うことによって手先の器用さが育っていく能力である。この①と②は「個」として育つものであり、③の社会的能力は、「集団」としての遊びによって育つものである。この3つの能力は、各々が別の「遊び」から育つものではなく、1つの「遊び」から3つの全ての能力が育つと考えられる。幼稚園・保育所の集団生活の中の「遊び」の観点からも、個と集団の関係が見いだされる。

第2節　集団生活が育むもの

1　基本的生活習慣の自立

　幼稚園・保育所で過ごす子どもたちは、集団の中で生活することによって、自立的な生活を送るための生活習慣を身につけていく。おむつがなかなかはずせない乳幼児も、「遊びや食事の前に排泄」という毎日の規則正しい生活を通して、排泄の自立を習得していく。片づけや着替え、手洗い・うがい、食事なども、毎日の生活の中で保育者の援助を受けながら「自分でできる」ようになっていく。この自立は、規則正しい生活と保育者の援助さえあれば成り立つものなのだろうか。そこには必ず「友達」が存在する。人間は、「見て学ぶ」「聞いて学ぶ」「感情で動く」生き物である。周囲の友達の動きを模倣することが「できた」につながることが多い。また、保育者の言葉が自分に向けてでなくても、「聞こえる」ことで学ぶことができる。つまり、「〇〇ちゃん、腕まくりしないと濡れますよ」という言葉を耳にすることで自分に置き換え、「手洗いの方法」を習得することができるのである。また、「〇〇ちゃんのように自分もやってみたい」「〇〇ちゃんのようにできることを認めてもらいたい」という感情も、自立をさらに促進していく。「個」の育ちである基本的生活習慣において、「集団生活」が効果的な役割を果たしている。

2　自己発揮と自己抑制

　「自分の意志・欲求を持ち、これを外に向かって表し実現すること」を自己発揮という。乳児が泣く、「いやいや」をする行為も自己発揮であり、人見知りも自己発揮である。2歳児が「自分で自分で」と何でもやりたがることも自己発揮であり、おもちゃの取り合いも自己発揮のぶ

つかり合いである。自己抑制とは「自分の欲求、衝動をそのまま発言してはいけない場面、抑制すべき状況に置かれたとき、それを抑制、制止すること」［柏木、1988］である。2歳の時にはおもちゃの取り合いをしていた子どもたちも、5歳になると、自分と同じ遊具で遊びたい他の子どもの存在を理解し、順番で遊具を使用するようになる。これは、自己制御の能力が備わってきたからである。自己発揮が難しい子どもは子どもどうしの意思疎通ができず、問題が生ずる。自己抑制が難しい子どもは暴力的になる場合もある。「自分を主張し、友達を理解する」という自己発揮と自己抑制のバランスを、友達とのやり取りの中でとっていき、対人関係のルールを学び、社会性を身につけていく。

3 協同的な遊び

保育の中で、友達といっしょに遊び活動することを通して、互いの良さに気づき、友達関係を広げていき、しだいに人間関係が深まる。そうすることにより、幼児どうしがイメージを共有しながら、互いの意見を出し合い、遊びをさらに展開させていく。協同的とは、共通の目的を持ち、それをイメージしていく活動であり、友達と役割分担をしたり協力したり、ときには自己主張の衝突に対して折り合いをつける経験を含め、友達といっしょに目的を達成させる活動である。「お店屋さんごっこ」や「劇場ごっこ」などの保育の場面が思い浮かぶが、年長児のふだんの遊びにおいても、この協同的な遊びはしばしば見受けられる。また、「運動会」「生活発表会」などの行事への取り組みも、協同的な遊びと言える。子どもの主体的活動の集大成は、この協同的遊びにある。ここでは、みんなで協力し合う楽しさや遊びをつくり上げる喜び、達成感を得ることができる。こうした遊びの経験は、生涯にわたる社会生活の中で生かされていく。

第3節　個と集団を育む保育者の援助

1　環境設定を整える

　保育活動には必ず「ねらい」がある。子どもの実態と指導計画から、その時の子どもたちに身につけてほしい「心情・意欲・態度」を具現化するものである。その「ねらい」を達成できるよう環境設定をし、援助していくことが、保育者の役割である。同じ遊びの場のねらいでも、「個」を育てたいと保育者が考えるときのねらいと、「集団」を育てたいというときのねらいでは、まず、環境設定をどのようにしていくかも変わってくる。例えば、砂場で遊ぶという場において「砂に親しみ、その感触を楽しむ」というねらいであれば、シャベルは用意せず、素手でバケツや容器に砂を入れることができるよう環境設定する。「遊びに必要な言葉を知る」というねらいであれば「貸して」「いいよ」の言葉が出るように、子どもの数より少ないシャベルや容器を設定し、「遊びに集中して取り組む楽しさを味わう」というねらいであれば、子ども一人ひとりが砂遊びを満喫できるよう、シャベルや容器を人数分設定する。幼稚園・保育所の保育は「環境を通して」行われる。保育者がその環境の重要な部分である物的環境設定の工夫をすることで、「個」も育ち、「友達との関わり」も育まれていく。

2　自己発揮の援助

　幼稚園・保育所に入園してきたばかりの子どもたちは、これまでの家庭とは異なり、家族でない他者と生活を共にすることになる。会ったこともない、話したこともない他者に囲まれるという不安は大きい。その生活の中で安定して過ごすためにはまず、保育者が子どもの「心のよりどころ」になることが必須である。「先生はいつも話を聞いてくれる」

「先生はいつも見ていてくれる」「先生は自分のことを分かってくれる」「先生は困ったとき助けてくれる」という子どもと保育者の信頼関係が築かれることにより、子どもは少しずつ本来の自己を発揮し、園生活になじんでいく。保育者は時間をかけて、子ども一人ひとりとスキンシップや言葉のやり取りのコミュニケーションを図り、信頼関係を築いていくことが望まれる。この精神的に安定した環境の中で遊びが始まり、その中で子どもは自己発揮し、人と関わる力が芽生えていくと考えられる。

3　遊びの中での仲介者・提案者・トラブルメーカー

　子どもたちが自己を発揮するようになってくると、「友達と関わって遊びたい」という社会的欲求が生じてくる。初めは「同じ場を共有する」という平行遊びから始まり、徐々に言葉や遊具のやり取りが見られ、友達・仲間との集団遊びに発展していく。その過程において子どもたちは「友達に思いが伝わらない」「相手の気持ちが分からない」「相手の気持ちが受け入れられない」という葛藤・確執を経験していく。保育者は子どもたちの間に入り、通訳や交通整理の役割を担っていく。「○○ちゃんはどう思うのかな？」「○○ちゃんはどうしたい？」など子どもの気持ちを引き出したり、思いを伝え合う場を設けたりすることが重要である。また、常に仲介に入るのではなく、子どもたちの自分なりの表現を見守る姿勢も必要である。

　また、協同遊びの場では、保育者という上からの立場でなく、「仲間の一人」として遊びに関わり、遊びが停滞したときや遊び展開を促したいときには、メンバーとして意見を述べたり、環境設定を意図的に変えていくなど、提案者としての存在になり、集団遊びの楽しさを子どもが存分に楽しめるような援助が大切になってくる。協同遊びでのトラブルや衝突も、子どもの社会性を育むチャンスでもあるので、遊びの中で問題提起をしたり、ときには保育者が「悪者」になることにより、子どもたち自身がトラブルと向き合い、友達と協力して解決の糸口を見いだし

ていくという場を設けることもあってもよいかもしれない。
　その場、その時、その環境に応じた柔軟な援助が保育者には必要であり、その援助が、「個」を発揮し「集団」を楽しむという保育のあるべき姿をつくっていくのである。

【引用・参考文献】
　大森隆子・オムリ慶子・甲斐仁子編著『子どもを見る変化を見つめる保育〔第3版〕』ミネルヴァ書房、2011年
　小田豊・笠間浩幸・柏原栄子編著『保育者論〔新版〕』北大路書房、2014年
　乙訓稔監修、近喰晴子・松田純子編『保育原理——保育士と幼稚園教諭を志す人に』東信堂、2014年
　柏木恵子『幼児期における「自己」の発達——行動の自己制御機能を中心に』東京大学出版会、1988年
　岸井勇夫・無藤隆・柴崎正行監修、柴崎正行編著『保育原理——新しい保育の基礎』同文書院、2003年
　咲間まり子編『保育内容「人間関係」——保育実践を学ぶ』みらい、2013年
　田中まさ子編『保育原理〔第3版〕』(新時代の保育双書) みらい、2014年
　民秋言・千葉武夫・河野利律子編著『保育原理〔新版〕』北大路書房、2014年
　ベネッセ教育総合研究所「第3回子育て生活基本調査（幼児版）——幼稚園児・保育園児をもつ保護者を対象に」2013年
　厚生労働省『保育所保育指針＜平成29年告示＞』フレーベル館、2017年
　文部科学省『幼稚園教育要領＜平成29年告示＞』フレーベル館、2017年
　谷田貝公昭監修、小櫃智子・谷口明子編著『人間関係』(実践保育内容シリーズ) 一藝社、2014年

（関根久美）

第12章　保育の計画と評価

第1節　保育計画と保育実践

1　保育課程と教育課程

　保育所や幼稚園における保育には、入園から卒園までを見越した一貫性を持った全体的な計画が必要である。保育所では「保育課程」、幼稚園では「教育課程」に基づき、保育が展開させている。

　保育課程、教育課程は、それぞれ「保育所保育指針」「幼稚園教育要領」に示されている事項を踏まえ、子どもの発達、園の特徴を生かし、子どもの実態に沿って保育を展開している。

　保育課程、教育課程は、保育を実践するうえで、「目的」や「目標」を達成するために必要な保育の内容であり、教育の内容である。それは、保育が一人ひとりの子どもの年齢や発達に合わせ、子どもにとって有意義な経験や体験を選択的に計画し、子どもの自主的な活動を通して成長・発達を促す保育が求められているからである。

　そのために、以下のポイントが挙げられる。

① 個々の発達課題を把握する

　　発達課題とは、各年齢の時期に経験し獲得しておくことが望ましい課題のことである。

② 継続的な経験・体験を把握する

　　子どもの活動（遊び）の必然性や興味・関心に沿った見通しを立て、これまでの活動と今に継続性を持たせる。保育は、小学校以降にある時間割といったものではなく、日々の積み重ねの上に成長・発達があ

るという概念を尊重する。
③ 保護者や地域との連携を大切にする
　幼稚園教育要領「第1章　総則」の「第7　教育課程に係る教育時間の終了後等に行う教育活動など」に示されているように、「幼児の生活全体が豊かなものとなるよう家庭や地域における幼児期の教育の支援に努めるものとする」と明記されている。また、保育所保育指針では保護者に対する「第4章　子育て支援」という項目があり、保育の現場は、地域や家庭を支える「子育て支援」の役割を担っていることが記されている。

2　指導計画とは何か

　幼稚園・保育所では、それぞれ教育・保育の目標を達成するために、幼稚園では教育課程、保育所では保育課程が編成されている。そして日々、計画的に保育を展開するために具体的・実践的な指導計画が作成されている。

　「幼稚園教育要領」では、「第3章　教育課程に係る教育時間の終了後等に行う教育活動などの留意事項」で、「教育課程に基づく活動を考慮し、幼児期にふさわしい無理のないものとなるようにすること。その際、教育課程に基づく活動を担当する教師と緊密な連携を図るようにすること」とし、また「地域の実態や保護者の事情とともに幼児の生活のリズムを踏まえつつ、例えば実施日数や時間などについて、弾力的な運用に配慮すること」としている。このように、幼児期にふさわしい生活が展開されるために適切な指導が行われるよう、幼児の活動に即した柔軟な指導計画を考えなくてはならない。

　また、保育所保育指針では、「第1章　総則」の「3 保育の計画及び評価」において、保育所は「各保育所の保育の方針や目標に基づき、子どもの発達過程を踏まえて、保育の内容が組織的・計画的に構成され、保育所の生活の全体を通して、総合的に展開されるよう、全体的な計画を作成しなければならない」とされている。「全体的な計画」はまた、「子どもや家庭の状況、地域の実態、保育時間などを考慮し、子どもの育ちに関する長期的見通しをもって適切に作成されなければならない」。

さらに、保育所は、「全体的な計画に基づき、具体的な保育が適切に展開されるよう、子どもの生活や発達を見通した長期的な指導計画と、それに関連しながら、より具体的な子どもの日々の生活に即した短期的な指導計画を作成しなければならない」とされている。

　これらのことから、現在は、子どもの実態を踏まえたうえで、ねらい・内容・環境構成を考え、その環境に関わって子どもがどのような活動や遊びを生み出すか、その姿を予想しながら計画を立てていくことに意義を見いだしている。そして、それらの予想される姿に対して、時間の流れに沿って指導上の配慮点を記述していくというのが一般的な手順と項目になっている。また、記入の様式については、各園の方針によって違いがあり、こうすべきというものはない。保育の現場では、日々の保育実践に生きる様式を考えながら計画を立案している。より実践に生きるものとなるための工夫をし続ける必要がある。

第2節　指導計画の作成

1　教育課程・保育課程・指導計画の関連

　保育の計画は、国が示す幼稚園教育要領、保育所保育指針に基づき、各園でそれぞれの実態に応じて作成していくことが求められている。

　幼稚園は管轄である文部科学省が示す幼稚園教育要領に基づき、各園の実態に合わせた、全教育期間の計画である教育課程を作成し、それを基に長期・短期の指導計画を作成する。

　保育所は、管轄である厚生労働省が示す保育所保育指針に基づき、各園の実態に合わせた、全保育期間の計画である保育課程を作成し、それを基に長期・短期の指導計画を作成する。

　各園では、地域・保護者・園・子どもの実態を十分に配慮したうえで、

園独自の保育計画を作成していくことが求められる。特に近年、地域や家庭の教育力が低下していると指摘されており、園においては、地域や家庭を巻き込みながら保育の計画を立案していくことが求められている。

また、幼保連携型認定こども園では、幼保連携認定こども園教育・保育要領に基づき、園児の心身の発達と各園の実態、家庭、地域の実態に即した適切な教育および保育の内容に関する全体的な計画を作成し、それを基に長期・短期計画を立案することが求められている。

2 長期の指導計画

長期の指導計画としては、年間指導計画、月の指導計画、期の指導計画がある。年間指導計画とは、1年間の保育の計画を立案するものである。月の指導計画は1カ月の指導計画であり、月案と呼ばれることもある。また、期の指導計画は、子どもの発達の区切りをⅠ期、Ⅱ期と表すものである。園の様式により1年間をⅢ期に分ける場合もある。例えば、Ⅰ期では、園生活に慣れる、保育者との信頼関係を築くといった区切り方である。

長期の指導計画で大切なことは、子どもの園生活を見通すことである。教育課程、保育課程で立てた発達過程と照らし合わせながら、年・月・期で子どもの実態を具体的に表していく。また、季節や地域の変化に合わせて園行事や予定を踏まえ、保育環境を構築する必要がある。園全体、クラスの保育者どうしでどのような保育を行うかという共通理解の下、保育を展開することが大切である。

3 短期の指導計画

短期の指導計画としては、週の指導計画、日の指導計画がある。週の指導計画は、1週間の保育の計画を立案するもので、週案と呼ばれることがある。日の指導計画は、一日の保育の計画を立案するもので、日案と呼ばれることがある。日案に類するもので、デイリープログラムとい

うものがある。デイリープログラムは乳児版、幼児版があり、登園から降園までの生活を時間軸に沿って表にしたものである。特に保育時間の長い保育所では、生活の流れや生活リズムが子どもの発達に大きく影響されることから、デイリープログラムを活用して保育の展開を行う園が多い。また、デイリープログラムの中に日案を取り入れ、日案として保育を展開している保育所もある。

　近年は、週案と日案を合わせた週日案として保育計画を立案している保育現場が増えている。短期計画は、1週間、1日というように期間限定で子どもを捉えるのものではない。長期の子どもの生活、発達を捉えたうえで短期の計画を立てる必要がある。したがって、短期計画を立てる際には、長期計画と照らし合わせながら立案する必要がある。また、前週、前日の子どもの様子に応じて計画を立てるのである。そのために、日頃から個々の子どもの成長記録、保育記録を丁寧に記載しておくことが必要になる。一人ひとりの子どもの姿と集団での子どもの姿の両視点から、環境とどのように関わっているのか情報収集に努めなければならない。この作業を行うことで、実践に生きた保育計画になるのである。

第3節　保育における評価

1　保育現場での評価の位置づけ

　幼稚園、保育所で作成された教育課程、保育課程を基に具体的な長期計画、短期計画が作成される。そしてこれらの計画を基に、柔軟な保育活動が展開された後に、実践された保育に対して、日、週、月、期、年ごとに定期的な見直しが行われる。

　見直しの際に、集められた記録を基に、保育者は自らの保育を反省し、次の計画立案に生かしていく。このような取り組みを行うことで、今後

さらによりよい保育実践につながっていく。常に保育のよりよい改善を意識しながら新しい計画を作り出していく必要がある。

保育現場では、「保育の計画→実践→記録→評価→計画の見直し・改善」へと循環していくことによって、見通しのある、子どもの実態に即した保育展開がされるのである。

2 保育所における第三者評価

保育所における評価は「第三者評価」として制度化されている。第三者評価とは、福祉サービスの質の向上を目指す措置の一つである。「社会福祉法人等の提供するサービスの質を利用者および利用者以外の公正・中立な第三者機関が専門的かつ客観的立場から行う評価」とされている。その目標として2つの視点が挙げられる。

- 個々の事業者が事業運営における問題点を把握し、サービスの質の向上に結び付けること。
- 第三者評価を受けた結果が公表される（福祉ナビゲーション）ことにより、利用者が適切なサービス受ける権利、選択のための情報となること。

保育所側は、第三者評価を受けることにより、自分たちの保育サービスの問題点を把握し、改善していくことが質の向上につながっていく。利用者にとっては、公表された情報を基に利用している保育所の状況を把握したり、保育所を選ぶときの一つの材料となる。

第三者評価は、法律上の義務はないが、サービスの質の向上を図ることが、施設、利用者にとって必要なこととして推進されている。

3 保育における記録と評価

指導計画に基づく保育実践の評価には、個々の保育者が行う自己評価と保育所全体で行う評価の2つに分類できる。

保育者自身による自己評価については、保育所保育指針の「第1章 総則」の「3 保育の計画及び評価」に示されており、「保育士等は、

保育の計画や保育の記録を通して、自らの保育実践を振り返り、自己評価することを通して、その専門性の向上や保育実践の改善に努めなければならない」とある。このことから、計画とともに保育と記録の評価が、よりよい保育を実践するために必要なことがうかがえる。

4 保育の評価の視点

保育の評価や反省を行うに当たり、次の視点を持つ必要がある。

(1) 実際の子どもの姿に視点を当てる

一日の保育や定期的な時期を通して、子どもの生活や遊びの様子について、記録を基に振り返ってみる。そして、指導計画に基づいた保育実践において、一人ひとりの子どもの発達がどのように促されたのか、計画が子ども一人ひとりの成長発達に合った内容であったかなどを総合的に検討していく。

(2) 保育者等の保育に視点を当てた評価

保育者自身が、自ら計画した保育や援助の仕方が適切であったかどうかを振り返るための評価である。指導計画に基づくねらいや内容が達成されたのか、その際の保育者自身の援助の方法は適切であったかどうか、実際の子どもの姿に即していたかどうか、うまく保育展開ができなかった理由は何かなどを振り返り、分析する必要がある。

例えば、ルールのあるゲームが活発に展開できなかったとき、実際に子どもの興味・関心があるものなのか、これまでの園生活でルールのあるゲームを行った経験があるのかどうかについて省みる必要がある。また、そのルールのあるゲームが子どもの発達に合ったものであるかの検討が必要である。具体的には、ルールの内容、ルールを理解する力が育っているか、集団遊びができる力が育っているかどうかなど、目の前の子どもの発達に照らし合わせてみることである。

評価の仕方には、自分だけでなく他の保育者などに参加してもらい検討することも必要である。園内研修やケースカンファレンスなどを通し

て、自分では気づかなかった違う視点に気づくことがある。

5　評価のメリットと課題

　このように保育現場では、保育の評価を行うことが必要不可欠になり、今後もさらに推進されていくだろう。しかし、保育評価にもメリットと課題がある。

　メリットとしては、園全体で、または保育者自身が現在の保育の現状と課題を明確にすることで、改善点がはっきりする。保育の質の向上に向けての方向性が明らかになる。そのことを職員全体で共通認識し、個々の保育者が日常の保育に取り入れることが可能になる。また、地域に対しても質の向上に取り組んでいることをアピールでき、よりよい関係づくりに役立てることができる。

　一方、課題としては、評価に取り組む園や職員の姿勢が挙げられる。評価を受けざるをえない、やらされているという意識で取り組むようなことであれば、改善につながりにくい。また、評価の結果をよく見せようとしたり、その場しのぎのものになってしまうと評価を行うことの本質が見えなくなってしまう。評価結果をどう生かして改善していくかという建設的な方法で評価を受けることが必要である。

　また、保育とは複雑で総合的なものであるから、点数化できない雰囲気や職員の人間関係などをどのように評価するかは、今後の課題となる。

【引用・参考文献】
　民秋言編『保育原理――その構造と内容の理解』萌文書林、2009年
　三宅茂夫編『新保育原理―すばらしき保育の世界へ』みらい、2010年
　森山史朗・小林紀子・若月芳裕編「保育原理〔第3版〕」（最新保育講座1）
　　　ミネルヴァ書房、2015年
　厚生労働省『保育所保育指針＜平成29年告示＞』フレーベル館、2017年
　文部科学省『幼稚園教育要領＜平成29年告示＞』フレーベル館、2017年

（岩崎桂子）

第13章　日本の保育：思想と歴史

第1節　わが国の幼稚園の成立と発展

1　幼稚園創設とその後の発展

(1) 幼稚園の誕生

　1872（明治5）年に公布された「学制」の第22条には「幼稚小学ハ男女ノ子弟六歳迄ノモノ小学ニ入ル前ノ端緒ヲ教フルナリ」と定められたが、しばらくの間は幼稚小学は設置されなかった。しかし、1871（明治4）年にはすでに3人のアメリカ婦人宣教師が横浜に「亜米利加婦人教授所」を設立して女子教育とともに保育も行っている。また1875（明治8）年には、京都の竜心寺に、西洋の幼児教育機関に倣って、就学前の子どもを保護教育する目的で、住職が教師となって幼児に教育する「幼稚院」が設立され、さらに同年に京都の柳池小学校に附属の「幼穉遊戯場」も併設されている。だがこれらは、幼稚小学の規定とは無関係に開設されたものであって、いずれもが長続きはしなかった。

　またこの頃には、ウィーンで開催された万国博覧会に参加した海軍教官の近藤真琴（1831～1886）が、そこで見聞した幼児教育の実情を『子育ての巻』として著し、海外の幼児教育事情を紹介している。

　こうしたことも影響して、1876（明治9）年にわが国最初の官立（国立）幼稚園である東京女子師範学校附属幼稚園（現在のお茶の水女子大学附属幼稚園）が、園児75名を迎えて開設された。その時の初代園長は、『幼稚園記』や『幼稚園法二十遊嬉』を著した関信三（1843～1879）であり、主

席保母は、ドイツの保母養成学校でフレーベル（Fröbel, Friedrich Wilhelm August 1782～1852）の理論とその実際を学んだ松野クララ（Matsuno Klara, geb. Zitelmann 1853～1941）であった。そして、当初の幼稚園の一日の保育の流れは次のようになっていた［日本保育学会、1968 (a)］。

　　登園－整列－遊戯室（唱歌）－開誘室｛修身話か庶物話（説話或いは博物理解）｝－戸外遊び－整列－開誘室（恩物－積木）－遊戯室（遊戯か体操）－昼食－戸外遊び－開誘室（恩物）－帰宅

　また、その時の東京女子師範学校幼稚園規則（1877年）では「幼稚園開設ノ主旨ハ学齢未満ノ小児ヲシテ、天賦ノ知覚ヲ開達シ、固有ノ心思ヲ啓発シ身体ノ健全ヲ滋補シ交際ノ情誼ヲ暁知シ善良ノ言行ヲ慣熟セシムルニ在リ」（第1条）、「小児ハ男女ヲ論セス年齢満三年以上満六年以下トス」（第2条）、「入園ノ小児ハ保育料トシテ一ヶ月金三十五銭ヲ収ムヘシ」（第8条）、「小児保育ノ時間ハ毎日四時トス」（第10条）などが定められていた。［同上、pp.92-93］

　保育の内容は、物品科、美麗科、知識科の３学科から成り、具体的には25の保育項目が準備されていて、これらの内容はほぼフレーベルの恩物内容であった。明治期の幼稚園では、この恩物中心の保育が長い間行われたのである。

(2) 幼稚園の普及

　東京女子師範学校附属幼稚園の創設後は、これをモデルとした幼稚園が全国各地に設立されるようになった。同附属幼稚園での日本人最初の保母であり、保育見習生の養成にも関わっていた豊田芙雄（1844～1941）は、鹿児島幼稚園を、また氏原鋹（1859～1931）も「大阪府立模範幼稚園」の設立に努めたが、特にキリスト教宣教師がわが国の幼稚園普及に果たした役割は大きい。例えば、ポーター（Porter, Francina E. 1859～1939）は金沢市に「英和幼稚園」を、またハウ（Howe, Annie Lyon 1852～1942）は神戸に「頌栄幼稚園」「頌栄保母伝習所」などを設立した。特にハウは、フレーベルの２大著作『人の教育』と『母の遊戯及育児歌』の翻訳

も著し、わが国幼稚園の発展に多大の貢献をなしている。

　こうしたキリスト教幼稚園の普及に伴って、1887（明治20）年に67園であった幼稚園は、1892（明治25）年には177園となり、幼稚園は託児所とは異なり、その後も増加していくことになる。ただ、第二次世界大戦の時には、幼稚園の戦時託児所化が目立ち、東京都では「戦時託児所設置基準」や「幼稚園閉鎖令」を出して、多くの幼稚園が託児所化した。戦争が激しくなると、さらには廃園や休園も相次ぎ、託児所が増加する一方で幼稚園の減少という特殊な状況が生じた時期もあった。

2　恩物中心から児童中心の教育へ

(1) 大正デモクラシーの思想

　東京女子師範学校附属幼稚園の創設以降は恩物中心の保育であったが、しだいにこれに対する批判が出始めた。こうした背景には、経験主義のデューイ（Dewey, John 1859〜1952）思想をはじめとして、ルソー（Rousseau, Jean-Jacques 1712〜1778）やケイ（Key, Ellen 1849〜1926）、モンテッソーリ（Montessori, Maria 1870〜1952）らの思想が次々と紹介され、またケイの『児童の世紀』も翻訳されて、大正デモクラシーの風潮の中で「子どもから」の視点がいっそう強調されるようになった。こうして、フレーベルの教育法は外部からの押しつけであり、子どもの自然な活動には不適切であるとして、しだいに幼児の自然的活動を主体とする遊戯を保育の中心とするようになっていった。そこには、子どもの興味や関心、個性、創造性、生活体験等を重視し、子どもを画一的な詰め込みの保育から解放するという、人間の自由と自然性による脈絡があった。

(2) 倉橋惣三の思想

　東京女子高等師範学校附属幼稚園主事となった倉橋惣三（1882〜1955）は、『幼稚園雑草』『幼稚園保育法真諦』『育ての心』などを著している。倉橋は脱恩物主義者の一人ではあるが、フレーベルの思想を全面的に否定したのではなく、幼稚園がフレーベルの根本精神を忘れて、恩物主義

による形式的な保育を行っていることを批判したのである。倉橋は、子ども一人ひとりの人格を重んじ、幼稚園は子どものための幼稚園でなければならず、子どもを生き生きとさせ、生活させる場でなければならないとして、保育の目的は子ども自身に十分なる生活を満喫させることにあると考えた。そのためには、子どもの自己充実が保障できるような環境を整えて、充実指導を行うことが大切であることを強調した。したがって「生活の中で、生活を、生活まで導く」という、いわゆる「誘導保育」の原理を重視したのである。誘導とは、子どもの興味・関心、生活、発達に即しての自由、自己活動等を重んじつつ、そのよりよき発展を自然に導いていくことである。倉橋のこうした考え方による実践は、その後の新しい保育の流れを作り出していく原動力となった。

第2節　保育所の成立過程と今後の保育制度

1　託児施設の誕生

(1) 子守学校の出現

　明治政府は、「学制」公布により国民皆学を進めたが、小学校などに通学する際には、幼い弟や妹を連れていっしょに登校する子どもたちも少なくなかった。このため学校では、連れてきた弟妹を預かる別室を用意してめんどうを見る学校が現れたが、世間ではこの学校のことを「子守学校」と呼んだ。この子守学校を最初に設立した人物が渡辺嘉重（1858～1937）である。渡辺は、子どもたちが学校に連れてきたきょうだいを別室で保育し、乳幼児の取り扱い方の知識や技能も教えたという。彼の「子守学校」は、教場（児童・生徒を教える教室）と遊戯室（保育室）、鎮静室（子どもの午睡ための部屋）に区画されており、学校は楽しい場であることをモットーに教育した。ここに、現在の保育所の源流を見ることが

できる。

(2) 託児所の誕生

　教師であった赤沢鍾美（あつとみ）(1864〜1937) は、私塾の「新潟静修学校」(1890年) を開設し、昼間（午前・午後）と夜間に教育を行った。この私塾でも、子守学校と同様に、児童生徒が幼いきょうだいといっしょに登校する者が少なくなかった。妻の仲子（ナカともいう）は、授業の間はこうした幼い子どもたちを別室で保育するようになるが、赤沢は当時のこうした状況について、「此ノ可愛サウナル有様見ルニ忍ビズ自分ハ妻ノ仲子ト心力ヲ併ハセ兄姉等ノ放課ノ時間ニ至ルマデ別室ニ於テ之ヲ保護シ我ガ愛児ト見做シ殆ンド家族ノ如クニ待遇シ…一文ノ保護料ヲ取ラズ総テ無料無謝ニ保育シ…」と述べている［日本保育学会、1968 (b)］。やがて生活に困った人々が、この保育室のことを聞きつけて頼みに来るようになり、多いときには250名もの子どもたちを預かったといわれている。

　このように、赤沢夫妻は社会の底辺の人々の子どもたちのために無料で保育したが、この博愛的・救貧的保育施設は、わが国最初の託児所として定説化されている。また、同じ頃には鳥取県の筧（かけい）雄平が、今日の季節保育所に当たる農繁期託児所を開設している。

2　託児所の発展

(1) 職場託児所の出現

　1894 (明治27) 年の日清戦争の頃から、わが国の資本主義は急速に発展するが、それに伴って各種の大企業も出現してきて、多くの婦人労働者を必要とする状況が生じてきた。そこで、母親が安心して働けるような工場付設の保育施設も設けられた。1894年の東京紡績深川工場に付設された託児所は、工場で働く女子労働者の乳幼児を保育する事業としてはわが国最初のものであるが、1902 (明治35) 年には、東京鐘ヶ淵紡績株式会社にも託児所が付設されている。さらに1904 (明治37) 年に日露戦争が勃発すると、婦人の労働力を確保する目的で、乳幼児を保護する託児所

がいたるところに設置されていった。今日の事業所内保育施設の始まりである。

(2) 二葉保育園の開設

ヒューマニズムの精神に基づいて、1900 (明治33) 年に開設されたものに二葉幼稚園がある。この幼稚園は、野口幽香(ゆか)(1866〜1950)と森島峰(1868〜1936)が、東京麹町の小さな借家で、6人の貧しい子どもたちを最初の園児として保育した施設である。幼稚園が設立された前年には、すでに「幼稚園保育及設備規程」が公布されおり、保育内容は4項目が示されていたが、ここでの実際の内容は、言葉や生活習慣、衛生、園外保育などに力点を置いたものとなっていて、当初から託児所的性格が強かった。このために貧民幼稚園とも呼ばれたりしたので、1915 (大正4) 年には二葉保育園に改称された。また同年には新宿分園も開設し、1922 (大正11) 年には本園に、母と子どもを保護するための「母の家」も付設されている。

一方、1909 (明治42) 年には石井十次(1865〜1914)も、大阪のスラム街に「愛染橋保育所」を開き、子どもに昼食、間食を与え、入浴もさせて早朝から夕刻までの保育を行った。こうした中で、1919 (大正8) 年には大阪に最初の公立保育所が設立され、次いで、京都、東京、神戸の順に設けられていくが、それでも託児所に関する国の明確な規定は存在しなかった。

3 これからの保育制度

東京女子師範学校附属幼稚園の設立以来、幼稚園教育の内容はフレーベル思想によるものであり、規則も同幼稚園のつくった規則が広く参考にされた。1899 (明治32) 年になって、ようやく最初の国家的基準である「幼稚園保育及設備規程」が示され、次いで1926 (大正15) 年に単独勅令の「幼稚園令」が制定されている。その後は終戦まで幼稚園令による教育が行われたのである。戦後は「教育基本法」(1947年) が公布され、

「学校教育法」も制定されて、幼稚園は学校教育法に基づく教育機関として位置づけられた。また、文部省は1948（昭和23）年には「保育要領－幼児教育の手引き」を刊行して、幼稚園のみならず保育所や家庭にも共通する12項目の内容を示した。さらに、1956（昭和31）年に登場した最初の「幼稚園教育要領」で6領域が示され、「領域」という言葉も登場した。以後、幼稚園教育はこの「幼稚園教育要領」に基づいて実施されることになるが、その後、数回の改訂を経て、今日の5領域となっている。現在の幼稚園は、文部科学省の所管の下に、満3歳児以上を対象にして1日4時間を標準とする教育を行っているが、預かり保育を実施している幼稚園がほとんどである。

一方、託児所については、厚生省が設置された1938（昭和13）年に社会事業法が成立しているが、その中では「育児院、託児所其ノ他児童保護ヲ為ス事業」と述べられているにすぎなかった。託児所は最初から救済的・防貧的性格を持ち、一部の篤志家によって支えられてきたため、幼稚園の成立過程とは基本的に大きな違いがあった。

託児所が、新しい理念の下に児童福祉施設として位置づけられたのは、1947（昭和22）年の「児童福祉法」の制定からである。これにより従来の託児所は、保育所の名称に統一された。また、翌年に公布された「児童福祉法施行令」では、児童福祉施設で児童の保育に従事する女子を「保母」と規定したが、その後の改正により現在では保母は「保育士」と呼ばれるようになり、名称独占の国家資格となっている。しかし保育士資格には、幼稚園教諭の免許状のようなランク付けはない。また「保育所保育指針」については、1965（昭和40）年の制定以来、3回の改訂が行われているが、2008（平成20）年からはこれが「告示」となり、その法的意味合いが重くなっている。今日での保育所保育は、養護と教育を一体的に行う場として重要な役割を果たしているが、待機児童の解消には至っていない。

他方、幼保一元化、少子化の進行、待機児童の解消、子育て支援等の

問題と関連して、2006（平成18）年から新しい制度としての認定こども園がスタートした。この認定こども園は、幼稚園と保育所の枠組みを越えて、それぞれの良いところを相互に生かしながら「保育を必要とする子ども」も「保育を必要としない子ども」も受け入れるとともに、地域における全ての子育て家庭に対する支援を総合的に行う機能を備えた施設である。つまり、保護者の就労の有無にかかわらず、全ての子どもの教育・保育を保障しようとするものである。

　これには、幼稚園型、保育所型、幼保連携型、地方裁量型の4つのパターンがある。しかし、その後の法律の改正により、この中の幼保連携型認定こども園は、学校と児童福祉施設という二重の性格を持つ単一の認可施設として位置づけられた。ここにいう学校とは、教育基本法第6条の学校教育のことである。また、保育所には「保育所保育指針」、幼稚園には「幼稚園教育要領」があるように、幼保連携型認定こども園には「幼保連携型認定こども園教育・保育要領」（一般的には「教育・保育要領」という）が国の単独ガイドラインとして2014（平成26）年に告示されている。幼保連携型認定こども園以外の認定こども園も、この「教育・保育要領」を参考にすることになっている。財政措置については、施設型給付となり一本化される。また、幼保連携型認定こども園で働く保育者は「保育教諭」と呼ばれ、幼稚園教諭の免許状と保育士資格の併有が求められているが、これについては5年間の移行措置が認められている。

　かつては、就学前の乳幼児の教育・保育を行う場は幼稚園と保育所が中心であったが、現在では幼稚園、保育所、認定こども園（幼稚園型、保育所型、幼保連携型、地方裁量型）があり、多様化している。これらの中で、今後は幼保連携型認定こども園へ移行していく施設が増えていくことが予想されている。

【引用・参考文献】

浦辺史・宍戸健夫・村山祐一編著『保育の歴史』青木書店、1981年
全国認定こども園協会編著『認定こども園の未来』フレーベル館、2014年
日本保育学会編『日本幼児保育史 第1巻』フレーベル館、1968年（a）
日本保育学会編『日本幼児保育史 第2巻』フレーベル館、1968年（b）
日本保育学会編『日本幼児保育史 第3巻』フレーベル館、1969年
日本保育学会編『日本幼児保育史 第4巻』フレーベル館、1971年
文部省『幼稚園教育百年史』ひかりのくに、1979年

（武田紘一）

第14章　西洋の保育：思想と歴史

　西洋の保育と一口に言っても、その範囲は広い。よって本章では、まずフレーベル以前の保育思想の発展と保育施設の創設の歴史を概観し、しかる後に、フレーベルによる「幼稚園」の誕生、そしてドイツにおける保育、幼児教育の現状を見てみることにしたい。

第1節　西洋における保育思想の発展

　周知のように、西洋において本格的な幼児教育思想が展開され、幼児教育施設としての「幼稚園」が誕生したのは、1840年にドイツのフレーベルによってであった。しかしそれは、ルネッサンス以降ヨーロッパ各地におけるエラスムス、コメニウス、ルソーといった先人たちの保育思想、幼児教育思想の延長線上にあったと言える。

1　エラスムスの幼児教育思想

　キリスト教の台頭とともに、西洋の古代は終わり、中世が始まった。中世には、修道院付属の学校等、少し大きくなった子どものための教育があるにはあったが、まだ幼児のための教育は考えられなかった。しかも当時のキリスト教的子ども観は、子どもを生まれながらに罪ある存在として捉え、むちを使った厳しい教育であった。
　来世主義、権威主義、禁欲主義的な特徴を持った中世にも、やがて陰りが見え始め、新しい時代が人間解放運動とともに幕を開けた。それは、「人文主義」を掲げるルネッサンス運動によって始まった。

ルネッサンス時代の北方人文主義の巨星として、当時、尊敬を博したのがオランダ生まれのエラスムス（Erasmus, Desiderius 1467〜1536）であった。彼には『子どもを生誕の直後から、自由人にふさわしい方法をもって、徳と学問とに向って教育すべきことについての提言』という長い表題を持った幼児教育論があり、注目に値する。

　エラスムスにおける幼児教育の具体的目標は、人文的教養（自由学芸）と、道徳的・宗教的教養（敬信）であった。人文的教養は教師によって教授され、道徳的・宗教的教養は両親によって教育されるべきものとされた。彼の理想は、この2つの異質的な目標を結び合わせることであり、難しい課題であった。だが、エラスムスが幼児教育の対象として考えたのは、言うまでもなく、一般大衆の教育ではなく、社会の上層に立つ指導者の養成であった。一般大衆のための幼児教育思想は、次のコメニウスを待たねばならない。

2　コメニウスの幼児教育思想

　イタリアに起きた「人文主義運動」としてのルネッサンスは、芸術運動を伴うものであったが、ドイツを中心に起きた人文主義運動は、宗教改革運動となって現れた。16世紀から17世紀にかけてヨーロッパに起こった宗教改革運動は、庶民教育の前進にとって決定的な意味を有していた。ボヘミア（現在のチェコ）出身のコメニウス（Comenius, Johann Amos 1592〜1670）もまた、宗教改革者フス（Hus, Jan 1370頃〜1415）の流れを引くボヘミア同胞教団の指導者として、教育の民主化のために生涯をかけた人物であった。

　コメニウスの幼児教育思想は、その著『大教授学』と『母親学校の指針』において展開されている。彼は、誕生から24歳までを4分して、発達に応じた教育制度を計画した。それは次のようなものであった。
①幼児期（6歳まで）　母親学校〔各家庭〕
②少年期（12歳まで）　母国語学校〔各町村に設置〕

③青春期（18歳まで）　ラテン語学校〔各都市に設置〕

④青年期（24歳まで）　大学〔各王国ないし大きな州に設置〕

　これら4段階のうち、「母親学校」が幼児教育の対象となるが、もちろん「母親学校」は幼児教育の施設ではなく、各家庭において母親が中心となる家庭教育の場を意味する。コメニウスの幼児教育論は、母親による家庭教育論として展開されたわけである。

　子ども観にしても、コメニウスは『母親学校の指針』において「幼子は、この上もなく高価な、神の賜物ですし、私たちのこの上もなく懸命な配慮を受けるに値する宝玉です」、あるいは「子どもは、罪の無い者ですから、まだ汚れてはいない、神の模倣です」と述べている。中世的なキリスト教的子ども観（原罪説）とは異なるものであった。

　教育の目標としたのは、①信仰と敬虔な心、②作法と品性、③言語とあらゆる類の実践的知識に精通すること、この3つであったが、その方法は決して概念による教授ではなかった。事物を指し示すことによってその名前を教えるというように、感覚教育を中心に据えるものであった。さらに、「幼い者の健康にいかに気をつけ育むべきか」という章を設けて論じたほど、健康教育も大切にした。

3　ルソーの幼児教育思想

　コメニウスによって用意された地盤にあって、教育をもって内部からの発展と解し、外部からする人為的な旧教育に対して革命の烽火を挙げたのは、スイス国ジュネーブの市民、ルソー（Rousseau, Jean-Jacques 1712〜1778）であった。彼の教育小説『エミール』（1762年）は、近代教育思想に新紀元をもたらすものであった。ルソーはその書の冒頭部分で、「万物の創り主の手を離れる時は、すべてはよいものであるが、人間の手にうつるとすべてが悪くなる」に続けて、「人はある土地にほかの土地の産物を作らせたり、ある木にほかの木の実をならせたりする……何一つ自然がつくったままにしておかない。人間そのものさえそうだ。人間も

乗馬のように調教しなければ置かない」と述べて、本性自然の歪曲を攻撃している。当時、フランスの教育界を風靡していたのは、イエズス会派の教育観であり、キリスト教の人間原罪説に基づいて、子どもを罪の子とみなす厳格な訓練主義の教育であった。ルソーは、人為に対する人間の自然性を強調したのである。

　と同時に、ルソーはさらに教育史上から見れば、真の意味における「子どもの発見者」として登場したのであった。近世初頭のルネッサンスは「人間の発見」であったと言われているが、ルソーにして初めて、大人に対する子どもの独自性が確立されたのである。ルソーは先に挙げた『エミール』の序文において「大人は子どもというものをまるで知らない。……かれらは、子どもの中に一途に大人を求めていて、大人になる以前に、子どもがどんなものであるかを考えることを忘れている」と述べている。これによってルソーは、子どもを大人になるための手段としてしか見ていなかったそれまでの考え方を一変し、子どもの中に子どもを見るという立場を宣言したわけである。子どもは子どもそのものとしてすでに完全であるという主張は、幼児教育思想にとって極めて画期的なことであった。

4　ペスタロッチーの幼児教育思想

　ルソーの影響を強く受けて、社会改革への情熱をたぎらせると同時に、貧民救済の一環として教育に挺身したのが、スイス、チューリッヒ生まれのペスタロッチー（Pestalozzi, Johann Heinrich 1746〜1827）であった。ペスタロッチーには、自らの思索と実践から生まれた多くの著書があるが、幼児教育について的確に述べているのは『幼児教育の書簡』である。これは晩年、イギリスのグリーブス（Greaves, James Pierpoit 1777〜1842）の求めに応じて書いたものであった。

　ペスタロッチーはこの書において、教育における母の大切さ、愛と信仰の重要さ、合自然的発達や調和的発達等々、彼がそれまで『隠者の夕

暮』や『ゲルトルート教育法』において主張した幼児教育の内容がまとまった形で展開されている。ペスタロッチーは、人間を「精神」（頭）と「心情」（心）と「技術」（手）という3つの根本力を調和的に有する全人的存在として捉えた。確かに、子どもも一人の人間として「人間性の全能力を付与された存在」ではある。だが彼によれば、子どもは、「それらのいずれも発達していない、未だ開かれざる蕾」であった。ここに幼児教育の必要性もあったのである。

第2節　西洋における保育施設の創設

　以上、フレーベルが登場する以前に、エラスムス、コメニウス、ルソー、ペスタロッチー等の幼児教育思想がすでに存在することを見てきた。実は同じように、フレーベルの「幼稚園」（Kindergarten）がドイツの地に創設される前に、ヨーロッパの地においては、いくつかの保育施設、幼児教育施設がなかったわけではない。フレーベルの「幼稚園」の先駆となる代表的なものをここで取り上げてみよう。

1　オーベルリンの幼児保護所

　ヨーロッパ大陸に初めて幼児のための保育施設ができたのは、フランスの北東部、ヴァルダースバハという寒村においてであり、ルター派の牧師オーベルリン（Oberlin, Johann Friedrich 1740〜1826）によるものであった。オーベルリンは、フランスのストラスブール生まれのドイツ人で、彼がこの教区に着任し、1769年、「編み物学校」の下部施設として設けたのが「幼児保護所」であった。

　オーベルリンが27歳の時、この地区に就任してみると、そこには30年戦争とその後の戦いに疲労しきっている人々の姿があった。オーベルリンは住民の生き生きとした姿を取り戻し、無知を取り除くには、子ど

の教育から始めるのが最も効果的だと信じた。オーベルリンの幼児学校は、このように、荒廃した村の復興のために、社会改革の一環として行われた学校教育の産物として生まれたものであった。

オーベルリンは初め、6歳以上の学校教育に尽力しようとしたが、6歳から学校教育を始めるのは遅すぎると考えた。上の子どもたちが学校へ行き、両親が農作業で忙しいために幼児が放任されると、後年になって償いきれないほどの身体的・道徳的害悪を身につけてしまうからである。そこで彼の学校は、3部構造を持つものとして設けられた。それは、①幼い子どもが通う幼児保護所、②中間学校、③大人の学校であった。「大人の学校」は、主に母親たちのための「編み物学校」であった。

幼児保護所には2人の婦人が雇われ、1人は手芸を指導し、もう1人は子どもたちを教えたり、遊ばせたりした。2～3歳の子が静かに遊んでいる間、5～6歳の子は、編んだり、紡いだり、縫ったりすることを教えられたという。この幼児保護所は、世界最初の近代保護施設であり、世界最初の「保育所」とも呼ばれている。

2 オーエンの幼児学校

イギリスでは18世紀後半より、蒸気機関や紡績機などの発明によって、手工業的な作業場に代わって、機械設備を有する大工場が成立して、産業革命が達成された。この産業革命が、民衆や子どもの生活にもたらした影響は大変なものであった。オーエン（Owen, Robert 1771～1858）が活躍したのは、このような時代を背景としてのことであった。

オーエンは、産業革命期の社会的混乱の中において、労働者ならびにその子どもたちの生活を守り、秩序づけようと努めたのであるが、幼児学校はそのような中から生まれたのであった。オーエンは1799年、イギリスで一番と言われたニュー・ラナークの紡績工場を買収し、実業家として才能を存分に発揮した。他方、彼はそこで、低所得の労働者階層の実情を目の当たりにし、幼少年工の教育のために教育施設を工場に併設

して、これを「性格形成学院」と名付けた。

　性格形成学院の一部である「幼児学校」は、1816年に開校された。ここに入る幼児の年齢は、満1歳か、あるいは歩けるようになるや否やすぐ収容され、通常6歳くらいまでいたという。教師には、村の住人で、しかも子ども好きで親切なブカナンとヤングという17歳の娘が選ばれた。2歳以上にはダンスを、4歳以上には音楽が課せられた。17歳の娘に深い教育的配慮があったかどうかは別にして、これが幼児教育の最初の試みであった。しかし、本格的な幼児教育施設としての「幼稚園」は、それから約20年後に、ドイツのチューリンゲンの森の中でフレーベルによって創設されることになる。

第3節　ドイツにおける「幼稚園」の誕生

　コメニウスやルソーによる幼児教育思想の発展、オーベルリンやオーエンによる「幼児保護所」や「幼児学校」設立の延長線上に誕生したのが、まさにフレーベル（Fröbel, Friedrich August 1782～1852）による「幼稚園」（Kindergarten）であり、それは1840年のことであった。

　ここでは、フレーベルによる世界で最初の「幼稚園」が誕生に至る道筋はいかなるものであり、フレーベルの幼児教育思想はいかなるものであったのか、幼稚園は具体的にどのようにして創立されたのか、そして最後に、世界で最初に幼稚園を誕生させた現在のドイツの保育、幼児教育の現状はどうなのかを見ることにしよう。

1　フレーベルの幼児教育思想

　フレーベルはドイツのチューリンゲンの森の中、オーバーヴァイスバハに牧師の子として生まれた。幼い時に母親が亡くなり、子どもの成長にとって母親がいかに重要なものであるのか、身に染みて感じ取ったに

違いなかった。1805年、フランクフルトでグルーナーと出会い、教職の道に進むが、さらにイヴェルドンでのペスタロッチーとの出会い、ベルリンでのクラウゼとの出会いを経て、1817年に「カイルハウ学園」を創立、そこで自らの思索と教育実践の中でフレーベルが執筆したのが主著『人の教育』("Die Menschenerziehung" 1826年)であった。

　フレーベルはこの書において、人間は神によって創られたものであり、「神性」が宿っていること、内なる「神性」を十分に発揮することこそ人間の天命であるとした。フレーベルによれば、とりわけ人間の子どもには純粋に「神性」が宿っているのであった。神性の主な要素は、「自己活動」と「創造活動」であるが、幼児は「遊び」(Spiel)によって、自らの内なる自己活動性と創造性を存分に発揮するものなのであった。よってフレーベルによれば、幼児の活動は「遊び」であり、幼児教育は、この遊びをいかに導いてやるかにあったわけである。

　フレーベルの幼児教育思想が教育史上において異彩を放つのは、この「遊び」の意義を明確に把握したことであった。先に挙げた『人の教育』においても「保育の道は主として遊びである。……人々はよくこの遊びを保育して、幼児の生命を養成すべきである。遊ぶこと、また遊びは、この期における人間の発達、すなわち幼児生活の最高の段階である」と記している。それから10年後の1836年、「1836年は生命の革新を要求する」という論文の執筆をきっかけに、フレーベルは幼児教育の道に邁進することになった。子どもを正しく「遊び」に導いてやるためには、遊具が必要であった。フレーベルにおける幼児教育への第一歩は、教育的遊具の考案・作製から始まったのである。

2　フレーベルによる「幼稚園」の創設

　1837年、フレーベルは、教育遊具を考案・製作する「幼少年期の作業衝動を育成するための施設」をバード・ブランケンブルクに創設した。そこで考察・製作したのが、「恩物」(Gabe)と名付けられた「教育遊具」

であった。さらに1839年には、幼児教育の指導者の育成を目的とする「幼児教育指導者講習科」と、恩物を使って実習する施設として「遊びと作業のための施設」を設立した。自ら考案・製作した教育遊具を用い、遊びを中心とする自己活動・創造活動を重視したこの施設に、フレーベルは「子どもたちの庭」という意味の「幼稚園（キンダーガルテン）」と名称を付けることを思いついた。

　1840年6月、ブランケンブルクの市庁舎の2階広間で、幼稚園の創立の式典が行われたが、そこで命名された「幼稚園」の正式名称は「一般ドイツ幼稚園」であった。人間として共通に有する「一般性」と、ドイツ人が独自に有する「特殊性」を同時に身につけた子どもを育む「幼稚園」であることを願い、「一般・ドイツ・幼稚園」と命名されたものと思われる。フレーベルはこの幼稚園を、婦人たちの力を借りてドイツ全土に普及させることを構想したのであった。

3　ドイツにおける幼稚園・保育所の現状

　ドイツの地に初めて「幼稚園」が創立されてから、1世紀半以上の月日が流れた。今では、幼児教育施設としての「幼稚園」は、世界に大きく広がっている。だが「幼稚園」(Kindergarten)という名称だけが、独り歩きしている感がないわけでもない。本家のドイツでは現在、保育、幼児教育はどのような状況にあるのであろうか。

　フレーベルが世界で初めて「幼稚園」を創立したドイツだからといって、現在、ドイツ全土にフレーベル式の「幼稚園」が連立しているわけではない。確かに保育士養成機関に「ペスタロッチー・フレーベル・ハウス」（ベルリン）や「フレーベル・ゼミナール」（コアバッハ）という名称が使われ、フレーベルの幼児教育精神を受け継いでいこうという意気込みは感じられるが、長い時間の流れ、激動の社会の動きの中で、ドイツの幼児教育の現状は単純なものではない。

　現在のドイツでは、就学前児童のための家庭外の保育施設は、全て法

的には「児童福祉施設」として扱われている。ただし、2000年の経済協力開発機構（OECD）の学習到達度調査（PISA）において、ドイツは、社会階層による学力格差が最も大きい国であることが示されたのを機会に、就学前段階での教育的側面がいっそう重視されるようになっている。現在のドイツの保育・幼児教育は、教育的要素を加えた、児童のための福祉施設、福祉サービスであると言うことができる。

　1990年に東西ドイツが統一された時、母親の就労が当然で全日保育が公的責任で供給されていた旧東ドイツと、育児休業制度が手厚く、子どもが3歳になるまで取得可能であった旧西ドイツの差は、保育施設の数において歴然としていた。この年「児童青少年福祉法」が制定され、16の州で保育関連施設が拡充されたし、1996年からは、3歳から就学までの全ての子どもへの幼稚園就園の保護と、3歳までの育児休業が拡充された。そして2005年には、「保育整備法」によって3歳未満児の保育を3倍に拡充し、保育施設の整備が進められた。

　現在のドイツの就学前の保育関連施設としては、大きく2種類がある。3歳未満児を対象にした「保育所（Krippe）」と、3歳から就学前の子どもを対象にした「幼稚園（Kindergarten）」がそれである。保育内容としては、自由遊び、言葉と一般的な認識の育成、社会的学習、音楽や体育などの活動が展開されている。

　他方、学校制度内に「学校幼稚園（Schulkindergarten）」という名称の幼稚園もあるが、これは、就学年齢に達しながらも、親によってまだ就学には早いと判断された子どもたちが行く施設であり、多くの場合、基礎学校（Grundschule）と同じ敷地の中に作られている。ドイツでは、学齢に達したから全員が基礎学校に行くのではなく、その判断は、親に任されていることも付け加えておきたい。

【引用・参考文献】

天野正治・結城忠・別府昭郎編著『ドイツの教育』東信堂、1998年

石橋哲成『ヨーロッパ教育史紀行』玉川大学出版部、1983年

コメンスキー, J. A.（藤田輝夫訳）『母親学校の指針』玉川大学出版部、1965年

シェーファー, J.（船尾恭代・船尾日出志訳）『就学前教育・幼年学校史』学文社、1991年

津守真・久保いと・本田和子『幼稚園の歴史』恒星社厚生閣、1959年

東岸克好ほか『西洋教育史』玉川大学出版部、1986年

日名子太郎『保育学概説』学芸図書、1988年

フレーベル, W. A.（小原國芳訳）『人の教育』玉川大学出版部、1976年

ペスタロッチー, J. H.（皇至道訳）『幼児教育の書簡』（ペスタロッチー全集13所収）平凡社、1974年

ルソー, J.-J.（永杉喜輔・宮本文好・押村襄訳）『エミール』玉川大学出版部、1970年

（石橋哲成）

第15章　日本の保育：現状と課題

第1節　子ども・子育て支援新制度の発足

1　「子ども・子育て支援新制度」とは

　2015（平成27）年4月に「子ども・子育て支援新制度」がスタートした。これは、2012年8月に成立した子ども・子育て支援関連3法（子ども・子育て支援法、改正認定こども園法、児童福祉法の改正等の関連法律の整備法）に基づく制度のことをいう。

　この3法は、2010年1月にスタートした「子ども・子育て新システム」検討会議における論議を踏まえて、待機児童の解消と子どもを持つ家庭の働きやすい社会づくりを目指し、国会審議の過程で大幅な修正が加えられて成立した。新制度はまた、廃止しようとした市町村の保育実施責任を復活させるとともに、保育施設を新たな「こども園」や「総合こども園」（いずれも仮称）に一本化するのではなく、これまでの幼稚園、保育所、認定こども園を併存させたことに特徴がある。新制度の全体は複雑なしくみであり、多様な事業から成り立っている。内閣府のホームページからは、この新制度の骨組みを読み取ることができる。

（1）認定こども園、幼稚園、保育所を通じた共通の給付（「施設型給付」）および小規模保育等への給付（「地域型保育給付」）の創設

　　　都市部の待機児童を解消するとともに、子どもの数が減少傾向にある地域への保育の提供をねらいとする。従来の幼稚園、保育所、認定こども園の充実に加え、ビルやマンションの一部を使用して行

う小規模保育、保育ママに見られる家庭的保育、ベビーシッターのような居宅訪問型保育、対象を地域の子どもにまで拡大した病院など事業所職員のための保育など、小規模保育等を提供する。

(2) 認定こども園制度の改善

　　幼保連携型認定こども園の所管と、全ての認定こども園の財政的な支援を内閣府の責任とした。

(3) 地域の実情に応じた子ども・子育て支援の実施

　　全ての家庭および子どもを対象とした事業として、利用者支援、地域子育て支援拠点、放課後児童クラブなどの地域子ども・子育て支援事業を実施する。

(4) 実施主体としての市町村の位置づけ

　　制度がうまく機能するように、市町村が計画を策定、給付や事業を実施し、国と都道府県がそれを支える。

(5) 社会全体による費用負担

　　新制度を運営する財源を、消費税の引き上げにより確保することとした。

(6) 政府の推進体制の明確化

　　内閣府の子ども・子育て本部が政府としての責任を遂行することにした。

(7) 子ども・子育て会議の設置

　　国の政策策定に関与できるしくみとして、子ども・子育て会議を設置した。地方版の会議を市町村等に設置するが、それは努力義務にすぎない。

このような新制度は、国による給付を伴う保育政策の現実を表している。それだけに、これからの保育のあり方を強く方向づけるものであるが、政策が真に国民のニーズに対応し、子どもの成長・発達を保障するものかどうかを評価する必要がある。しかし、新制度はスタートしたばかりである。現時点では、これまでの保育制度を振り返り、新制度の持

つ意味をよく捉えて評価するよりほかないが、ある程度の期間の実施状況を見据えたうえで、適切な評価をする必要があろう。

2 新制度の今後の課題

　新制度の内容をどのように理解するかは、視点の置き方によって違いがあるかもしれないが、論議をさらに深めて、子どもの豊かな育ちを保障する保育を展望するため、問題点や改善課題を提起しておきたい。

　施設での集団保育に加えて、各種の小規模保育を実施することは、保育を量的に拡大し、待機児童の解消につながるかもしれないが、質の改善が図られなければ、児童（子ども）の権利条約でいう「児童（子ども）の最善の利益」を追求するための子どもの権利を保障することにはならない。このため、専門職としての保育士の待遇改善と研修を充実することが不可欠となろう。

　新制度の実施主体が市町村になったことで、策定した計画に基づく小規模保育等の提供や、地域子ども・子育て支援事業の実施、保育料の見直しなどの責任が生じてくる。それが形骸化しないように、地域子ども・子育て会議を活用しチェックしていくことも必要であろう。

　新制度は、今日の社会保障制度改革の一環に位置づけられることから、保育への公費負担を抑制して市場化を目指し、また保育の改善を消費税の増税任せにしてしまうのではないかとの懸念がある。それだけに、保育制度への公的責任と財源の拡大を要請する取り組みが求められる。

　最後に、新制度は、幼稚園、保育所の認定こども園への移行を進めているように、施設の統廃合を促す改革である。また、幼保から小学校への円滑な接続をねらいとした教育改革となっている。しかし、これで幼保一元化が実現し、幼・保・小連携が強化され、子どもの権利が平等に保障されるようになったとは言えない。

第2節 幼保一元化の現状と課題

1 幼保二元体制から幼保一元化へ

　就学前の子どもが幼稚園か保育所で生活する幼保二元体制は、戦前から今日まで継続している。幼稚園は学校教育法に定める学校であり、保育所は児童福祉法に定める児童福祉施設である。保護者の就労等により「保育に欠ける」のかどうかに基づいて子どもを差別化し、成長・発達にとって重要な保育の施設を分けているが、これは子どもの権利の不平等をもたらすものと批判されてきた。

　このような状況の下で、女性の社会進出や就労に伴い待機児童問題が深刻となる一方、少子化が進むにつれて幼稚園入園者の減少が目立つようになった。だが、保育所の増設は進まず、他方で幼稚園の「預かり保育」が、保育所の機能を補うかのように実施されていく。また、やむを得ず保育所に入所させている保護者の中にも、幼稚園での教育を受けさせ、小学校へのスムーズな移行を望む者が多くなった。これに対応するため、双方のメリットを取り入れ、誰もが気軽に利用できる一体化施設が整備されることになった。これが、2006年から法制化された「認定こども園」である。

　確かに、それは幼稚園での教育と保育所での保育を一体的に提供する施設には違いないが、国の所管する機関が異なり、内容と方法の違う教育と保育が、同じ施設の内部において行われているにすぎない。これをもって、幼保一元化が実現されたとは言えないだろう。

2 幼保一元化と認定こども園

　幼保一元化は、幼稚園の機能と保育所の機能が融合し、それゆえに完全に一本化された新たな施設として誕生し、それを所管する国の機関が

一つになり、希望すると（保育は義務制となっていない）保護者の就労とは関係なく子どもを預け、同等の保育を受けられることを言う。

このような一元化は、例えば、先に述べた「子ども・子育て新システム」検討会議での結論を踏まえて、当時の政府が「こども園」や「総合こども園」に保育施設を一本化し、国の機関も、新たに「こども家庭省」（仮称）を創設して所管させることとした提案に示されている。しかし、この案に対しては、保育関係の諸団体や有識者などから、優れた特色のある幼稚園教育ができなくなる、手厚い保育所保育がゆがめられてしまうなどと批判や反対があり、実現するまでには至らなかった。けっきょく、幼稚園、保育所、認定こども園が併存する三元体制となってしまった。幼稚園、保育所の認定こども園への移行は、奨励されるものの強制されないことになっている。子ども・子育て支援新制度の下で、認定こども園の拡大が進められていることをもって、一元化へ向かって歩み出したとの意見や、どの施設でも選択できるようになった複線型を賞賛する声もあるが、まだ多くの問題や格差を解決できていない。

3　幼保一元化への課題

三元体制の下で、どの施設を選んでも子どもが同じように健やかに育つのが「一体化」だとの意見がある。これはかなり楽観的な考え方である。社会では、施設保育はもとより、小規模保育も受けられない家庭さえ存在している。したがって、施設が一体化すれば幼保一元化が実現するのではなく、そのような家庭への支援が制度として必要である。

そのため、市町村が用意した地域子ども・子育て支援事業へのアクセスが容易になる必要があり、保育施設が地域子育て支援センターとしての機能をどのように果たすかも課題となる。一元化への課題とは、施設の一本化に加え、施設保育や小規模保育を受けられない家庭の子どもでも、支援を通じて成長・発達する権利を平等に保障されることであろう。

第3節　幼・保・小の連携

1　連携はなぜ必要か

　幼稚園、保育所、さらに認定こども園（今後の記述では、幼稚園・保育所に含める）と小学校では、子どもの生活と教育方法は異なる。その変化は大きいため、子どもはうまく適応できないこともある。それは、小学校入学時における子どもたちの不適応の問題として、「小1プロブレム」と呼ばれるようになっている。
　確かに、子どもの発達は連続していると言えるが、学びは必ずしも連続しているわけではない。そこで、学びが子どもの発達の連続性に対応し、環境の変化が小さくなり段差が低くなるように、幼稚園・保育所と小学校のスムーズな接続が必要であり、相互の連携が大切であるとされるようになった。
　2017年改訂（改定）の幼稚園教育要領、保育所保育指針、さらに幼保連携型認定こども園教育・保育要領は、この点を認識して連携について定めている。

2　連携の困難は乗り越えられるか

　幼・保・小の円滑な接続が叫ばれながら、連携は必ずしもうまく行われてこなかった。その理由としては、幼稚園・保育所、小学校それぞれが独自性を主張し、相互に理解し合う努力に欠けていたからだと思われる。つまり、幼稚園・保育所は、遊びを通して周囲の環境と主体的に関わりながら、さまざまなことを積極的に学び取っていくという保育の方法を優れていると考えて、小学校教育から学ぶ姿勢を持たず、それとの連続性を意識することが少なかった。
　これに対して、教科の学習を中心に一斉授業による知識や技術の獲得、

理解などを目指す定型的な教育を行う小学校にとっては、幼児期の遊びを中心とする不定型な保育は意図性や計画性がなく、ただ遊ばせているというイメージがあり、理解の対象になりがたいものであった。しかし、そこには発達的特性に応じて、幼児期を幼児期として充実させるという視点が欠けている。それぞれの立場の違いが、相互の理解を阻害してきたと言える。

したがって、以上のような理由を解消することで、困難を乗り越えて連携が可能となるだろう。そのためにも、子どもの発達の連続性に対応した学びの連続性が求められるのであり、幼稚園・保育所と小学校が相互に自分の良さを相手に伝えながら、相手を理解しようとする努力を続け、できるものから具体的に実践していく必要がある。

3　連携のために必要な手だて

相互の理解を進め、幼稚園・保育所から小学校への入学の段差を少なくすると同時に、子どもの発達に応じた教育・保育を行うことができるようになるための幼・保・小の連携にとっては、次のような具体的な実践が必要と考えられる。

(1) 幼児と児童の交流

幼児は、児童といっしょに遊んだり生活する体験を通じて、児童に憧れを持ち、小学校生活に期待を寄せたりする。さらに、近隣の小学校へ出かけることになれば、小学校生活の一端に触れることになり、安心感を持つことになる。これに対して、児童は幼児に頼られ援助できる喜びを感じ、思いやりの心を育むことができる。このような交流が効果的なものとなるよう、継続的・計画的に取り組む必要がある。

(2) 保育者と教師の交流

幼稚園・保育所の保育者と小学校教師が、共に幼児期から児童期への発達の流れのみならず、指導の内容や方法の違いや共通点を理解し合うことが大切である。このため、相互の意見交換や合同の研究会・研修会、

保育参観・授業参観などが不可欠である。場合によっては、教師による幼稚園・保育所における保育、保育者による小学校授業の体験の機会を設けることも重要であろう。

(3) 発達に応じたカリキュラムづくり

子どもの発達は連続的である。このため、学びの一貫性を大切にする必要がある。一方、発達の各段階の独自性を見てとることができる。したがって、双方に配慮したカリキュラムを編成し、これに基づくきめ細かな指導計画が作成され、一人ひとりの発達と学びへの援助が適切になされることが望まれる。

(4) 家庭・地域との連携

幼稚園・保育所は、異なる家庭環境で育った子どもたちが、保育の終了後家庭に帰っていくので、家庭との連携なしには適切な保育はできない。幼・保・小の連携は、この家庭を共通の基盤にして成り立っている。また、家庭や学校・保育施設以外の生活の場は地域であるから、地域との連携へと視野を広げることも考えなければならない。

第4節　将来を支える保育に向けて

1　将来を支える保育とは

今日の日本社会の深刻な問題として、少子化に目を向けなければならない。子育てには経済的負担が大きく、女性が外で働くにしても、待機児童問題に見られるように、保育のニーズが満たされていない。このように、子どもを産み育てることが難しい社会になってきているのが現実である。

また、家族の変容に伴い、虐待などのように、子どもの生命が危険にさらされ、子どもの権利が侵害され、家庭は子どもにとって安住の空間

でなくなるような状況さえ見られる。したがって、これを乗り越えて、子どもを安心して産み育てることができ、世代間で相互に支え合う社会をつくることが必要である。

　保育は、このような将来を支えるためにいかにあるべきか。まず、保育の受け皿を拡大するため、保育施設を整備すると同時に、施設利用以外でも多様な保育サービスを受けられるようにすることが制度面の課題となる。また、将来の担い手である乳幼児を育てるのにふさわしい保育が実践されなければならない。

2　将来の担い手を育てる保育

　国連「子ども（児童）の権利条約」は、「子どもの最善の利益」を考慮して、子どもの生存と成長・発達を可能な限り最大限に確保するうえで、必要な子どもの権利が実現されることを求めている。このことから、大人の側に対しては、子どもの豊かな成長・発達につながる保育実践が求められる。そのような保育実践とはどういうものか。子どもの権利条約の子ども観には、子どもを一人の人間（人格）として認め、生活の中で子どもの主体性を尊重すべきであるという考えが存在しているので、保育実践はこれに沿って行うことが望ましいだろう。

　また、そのような保育実践が可能となるための制度改革や、今日的な諸課題に対応した保育も必要になるだろう。制度改革の方向としては、「保育所の義務教育化」が提唱されているが、斬新なアイデアとして検討する価値がある。保育の今日的な課題としては、知的教育、多文化保育、シティズンシップ（市民性）教育、心の教育（道徳性としての生きる力や命を大切にする心などの育成を含む）などが挙げられよう。

【引用・参考文献】

小田豊『幼保一体化の変遷』北大路書房、2014年

酒井朗・横井紘子『保幼小連携の原理と実践——移行期の子どもへの支援』ミネルヴァ書房、2011年

日本子どもを守る会編『子ども白書2014』本の泉社、2014年

林信二郎・岡崎友典『幼児の教育と保育——指導することと見守ること』放送大学教育振興会、2004年

古市憲寿『保育園義務教育化』小学館、2015年

保育研究所編『子ども・子育て支援新制度——活用・改善ハンドブック』ちいさいなかま社、2015年

内閣府ホームページ　http://www8.cao.go.jp/shoushi/shinseid/outline/（2016年3月1日検索）

厚生労働省『保育所保育指針＜平成29年告示＞』フレーベル館、2017年

内閣府・文部科学省・厚生労働省『幼保連携型認定こども園教育・保育要領＜平成29年告示＞』フレーベル館、2017年

文部科学省『幼稚園教育要領＜平成29年告示＞』フレーベル館、2017年

（小林建一）

【監修者紹介】

谷田貝公昭（やたがい・まさあき）
　目白大学名誉教授、NPO法人子どもの生活科学研究会理事長
［主な著書］『図説・子ども事典』（責任編集、一藝社、2019年）、『改訂新版・保育用語辞典』（編集代表、一藝社、2019年）、『改訂版・教職用語辞典』（編集委員、一藝社、2019年）、『新版 実践・保育内容シリーズ［全6巻］』（監修、一藝社、2018年）、『しつけ事典』（監修、一藝社、2013年）、『絵でわかるこどものせいかつずかん［全4巻］』（監修、合同出版、2012年）ほか

石橋哲成（いしばし・てつなり）
　玉川大学名誉教授、田園調布学園大学大学院教授
［主な著書］『改訂新版・保育用語辞典』（共著、一藝社、2019年）、『こんな子育ていいな！』（単著、一藝社、2019年）、『新版・保育原理』（コンパクト版保育者養成シリーズ／編著、一藝社、2018年）、『ペスタロッチー・フレーベルと日本の近代教育』（共著、玉川大学出版部、2009年）、『ペスタロッチー・フレーベル事典』（共編著、玉川大学出版部、2006年）ほか

【編著者紹介】

石橋哲成　（いしばし・てつなり）
　〈上掲〉

【執筆者紹介】（五十音順）

石橋哲成（いしばし・てつなり）　［第1・14章］
　〈監修者紹介参照〉

岩崎桂子（いわさき・けいこ）　［第12章］
　帝京短期大学専任講師

小野順子（おの・じゅんこ）　［第2章］
　中国短期大学教授

栗岡洋美（くりおか・ひろみ）　［第4章］
　中京学院大学中京短期大学部准教授

小林建一（こばやし・けんいち）　［第15章］
　秋田大学非常勤講師

関根久美（せきね・くみ）　［第11章］
　川口短期大学准教授

千田隆弘（せんだ・たかひろ）　［第7章］
　中部大学現代教育学部講師

副島里美（そえじま・さとみ）　［第10章］
　静岡県立大学短期大学部准教授

髙木友子（たかき・ゆうこ）　［第6章］
　湘北短期大学教授

髙橋弥生（たかはし・やよい）　［第5章］
　目白大学人間学部教授

武田紘一（たけだ・こういち）　［第13章］
　徳島文理大学人間生活学部教授

谷口　卓（たにぐち・たかし）　［第8章］
　東亜大学人間学部准教授

馬場結子（ばば・ゆうこ）　［第3章］
　埼玉学園大学人間学部准教授

濱﨑久美（はまさき・くみ）　［第9章］
　長崎純心大学人文学部講師

コンパクト版保育者養成シリーズ
新版 保育原理

2018年3月30日　初版第1刷発行
2020年3月10日　初版第2刷発行

監修者　谷田貝 公昭・石橋 哲成
編著者　石橋 哲成
発行者　菊池 公男

発行所　株式会社 一藝社
〒160-0014 東京都新宿区内藤町1-6
Tel. 03-5312-8890　Fax. 03-5312-8895
E-mail : info@ichigeisha.co.jp
HP : http://www.ichigeisha.co.jp
振替　東京 00180-5-350802
印刷・製本　シナノ書籍印刷株式会社

©Masaaki Yatagai, Tetsunari Ishibashi 2018 Printed in Japan
ISBN 978-4-86359-144-8　C3037
乱丁・落丁本はお取り替えいたします